C·H·Beck

PAPERBACK

W0063563

Brendan Simms
Benjamin Zeeb

Europa
am
Abgrund

Plädoyer für die
Vereinigten Staaten
von Europa

Aus dem Englischen
von Hans Freundl

C.H.Beck

Für Anita und Ambika

Originalausgabe

Für die deutsche Ausgabe:
© Verlag C.H.Beck oHG, München 2016
Satz: Druckerei C.H.Beck, Nördlingen
Druck und Bindung: Pustet, Regensburg
Umschlagkonzept: Kunst oder Reklame, München
Printed in Germany
ISBN 978 3 406 69157 7

www.chbeck.de

Inhalt

«Hätte nicht die große Nation jenseits des Atlantischen Ozeans schließlich begriffen, dass der Untergang oder die Versklavung Europas auch ebenso ihr eigenes Schicksal bestimmen würde, und hätte sie nicht ihre Hand zu Beistand und Führung ausgestreckt, so wäre das finstere Mittelalter mit seiner Grausamkeit und seinem Elend zurückgekehrt.

Meine Herren, es kann noch immer zurückkehren.

Und doch gibt es all die Zeit hindurch ein Mittel …

Wir müssen eine Art Vereinigte Staaten von Europa errichten. …

Damit das zustande kommen kann, braucht es einen Akt des Vertrauens, an dem Millionen von Familien verschiedener Sprachen bewusst teilnehmen müssen. …

Wenn Europa vor endlosem Elend und schließlich vor seinem Untergang bewahrt werden soll, dann muss es in der europäischen Völkerfamilie diesen Akt des Vertrauens und diesen Akt des Vergessens gegenüber den Verbrechen und Wahnsinnstaten der Vergangenheit geben.

Wenn das Gefüge der Vereinigten Staaten von Europa gut und richtig gebaut wird, so wird die materielle Stärke eines einzelnen Staates weniger wichtig sein. Kleine Nationen werden genauso viel zählen wie große, und sie werden sich ihren Rang durch ihren Beitrag für die gemeinsame Sache sichern.

Aber ich muss Sie warnen. Vielleicht bleibt wenig Zeit. …

Wenn wir die Vereinigten Staaten von Europa oder welchen Namen sie haben werden, bilden wollen, müssen wir jetzt anfangen.»

Winston Churchill in einer Rede in Zürich, 19. September 1946.

1. Europa am Abgrund

Heute steht Europa vor mehreren miteinander verbundenen Herausforderungen, die jeweils für sich wie auch in ihrem Zusammenwirken unseren Kontinent in die Knie zwingen. Wir erleben das unangefochtene Wiederaufleben eines autoritären Russlands, eine Finanz- und Wirtschaftskrise, die Rückkehr des «deutschen Problems» in Form der Durchsetzung einer EU-weiten Austeritätspolitik, das Entstehen sezessionistischer Bewegungen in Schottland, Katalonien und anderen Regionen, eine europäische Flüchtlingskrise beispiellosen Ausmaßes, die durch Kriege und Unterdrückung im Nahen Osten verursacht wird, die Zunahme europaskeptischer Stimmungen in allen Teilen der Union, von Großbritannien, Deutschland und Frankreich bis zu Ungarn und Griechenland, die Unsicherheit, die durch das bevorstehende britische Referendum über den Verbleib in der EU entsteht, und die ernstzunehmende Möglichkeit eines Sieges von Marine Le Pen bei der nächsten französischen Präsidentschaftswahl. Unser kleines Buch soll aufzeigen, dass diese Fragen nicht nur alle miteinander verbunden sind, sondern in ihrer Gesamtheit ein großes Problem darstellen, das eine große Lösung erfordert.

Es gibt natürlich viele Auseinandersetzungen mit diesen Fragen aus jüngster Zeit.[1]

Unsere Absicht besteht nicht darin, die zahlreichen Debatten über die europäische Krise oder über Großbritanniens Rolle in Europa wieder aufzuwärmen – wenngleich wir einige häufig behandelte Themen werden aufgreifen müssen –, vielmehr möchten wir ihre wechselseitige Verflochtenheit erklären und sie in ihren historischen Kontext stellen.² Da die Eurozone strategisch wie ökonomisch ins Strauchen gerät und das Verhältnis zwischen Großbritannien und Europa an einen wichtigen Scheidepunkt gelangt, muss die gegenwärtige Krise im Rahmen der mehr als drei Jahrhunderte währenden gemeinsamen Geschichte betrachtet werden. Unsere These lautet, kurz zusammengefasst, dass wir aufhören müssen, Großbritannien als das Problem und Europa als die Antwort zu betrachten, sondern vielmehr anfangen müssen, Europa als die Frage und das britische Modell, in richtig verstandener Weise, als die Lösung zu erkennen.

Der globale wirtschaftliche Abschwung und die nachfolgende europäische Staatsschuldenkrise haben den europäischen Kontinent und insbesondere die an der «Peripherie» liegenden europäischen Länder hart getroffen. Wie in den unglücklichen Familien in den Dramen von Leo Tolstoi unterscheiden sich die Ursachen der Misere in den einzelnen Ländern der Union, seien sie struktureller oder verhaltensbezogener Art; jedes Land wird auf jeweils eigene Weise in Mitleidenschaft gezogen. In Irland und Spanien hat ein Jahrzehnt des billigen Geldes, das durch die Einführung des Euro und die daraus resultierenden niedrigen Zinsen eingeläutet wurde, zu einer Spekulationsblase geführt, die schließlich geplatzt ist. In Griechenland hat die Regierung die EU über die finanziellen Verhältnisse des Landes getäuscht, um die Aufnahme in den Kreis der Euroländer zu erlangen. Die darauf folgende Erhöhung der Staatsausgaben, die durch einen Rückgang der Zinsen aufgrund der Währungsunion ermöglicht und gefördert wurde, führte zur An-

häufung eines Schuldenberges, der einen teilweisen Zah-
lungsausfall nach sich zog, jedoch noch immer viel zu
hoch ist, als dass er von Griechenland jemals abgetragen
werden könnte.[3]

Ungeachtet ihrer unmittelbaren Ursachen reichen die
Wurzeln dieser Probleme zurück bis zur Konstruktion
des Euro und sind in den anderen Ländern der sogenannten europäischen Peripherie weitgehend ähnlich.
Eine Ansteckungsgefahr war immer gegeben und verbunden mit der Aussicht, dass ein Staatsbankrott in einem
der «Peripherieländer» zu Bankenzusammenbrüchen in
«Kernländern» wie Frankreich oder Italien führen
könnte, deren Finanzsektoren am stärksten exponiert
waren. Eine Weile hatte es den Anschein, als würden die
Krisen immer häufiger auftreten und sich zunehmend
verschärfen unter einem sich steigernden Trommelwirbel
von Troikas, Bailouts und anderen Rettungspaketen für
Irland, Griechenland, Portugal und Zypern. Schließlich
verkündete der Chef der Europäischen Zentralbank
(EZB), Mario Draghi, am 12. Juli 2012, dass er «alles tun
werde, was nötig» sei, um den Euro zu stabilisieren, was
im Ergebnis bedeutete, dass er Geld drucken würde.

Seitdem hat sich die unmittelbare Bedrohung von einer
rein ökonomischen zu einer politischen gewandelt. Europa hat zwar formell die Rezession überwunden, doch
die Krise ist noch lange nicht vorbei. Das Wirtschafts-
wachstum bleibt verhalten, und die Arbeitslosigkeit ist
in vielen Teilen der Eurozone hoch. Trotz der erklärten
Bereitschaft der EZB zu einer massiven geldpolitischen
Lockerung sträubt sich die Inflation hartnäckig, auf den
angestrebten Zielwert von zwei Prozent zu steigen. Die
öffentliche Unzufriedenheit zeigt sich auf den Straßen
von Athen und Madrid, wo gewöhnliche Bürger, die sich

von ihren politischen und wirtschaftlichen Eliten nicht mehr angemessen repräsentiert fühlen, ihren Unmut äußern.

Wenn wir vielleicht auch nicht viel gelernt haben aus den jüngsten Verhandlungsrunden zwischen der Eurogruppe und Griechenland, so ist zumindest eines klar: Für beide Seiten ist der Status quo unhaltbar geworden. Dennoch wurde die Fiktion aufrechterhalten, dass sich Griechenland formell weiterhin an die Sparpolitik hält. Das ist natürlich eine Abmachung, die keine Chance auf Dauerhaftigkeit besitzt. Bald werden wir abermals den Atem anhalten, wenn das Spiel wieder von neuem beginnt. Die lähmende Ungewissheit, die uns seit einem halben Jahrzehnt begleitet, die uns geistig zermürbt, ausländische Unternehmen abschreckt und unsere Gegner im Osten ermutigt, wird sich daher verstärken.

Der Großteil des europäischen Kontinents befindet sich also weiterhin im Griff eines Austeritätsprogramms, auf dem die deutsche Regierung und deren schwindende Zahl von Verbündeten beharrt und das als einziger Weg zur Rettung des Euro dargestellt wird. Man kann über die wirtschaftliche Vernünftigkeit und die moralische Vertretbarkeit dieses Ansatzes streiten, vor dem Großbritannien und die Vereinigten Staaten zurückschrecken. Sie verfolgen stattdessen eine Politik der fiskalischen Stimulierung und haben schon viel früher eine wesentlich expansivere geldpolitische Lockerung betrieben und durch ihre Zentralbanken Geld gedruckt, um die Wirtschaft anzukurbeln. Nicht bestritten werden können jedoch die politischen Auswirkungen dieser Politik, insbesondere die Rezession oder die wirtschaftliche Depression in der südlichen und der westlichen Flanke der Union, die mit einer hohen Jugendarbeitslosigkeit verbunden ist.

Nicht zufällig verändert sich in diesem Zusammenhang auch das politische Klima. Auf der einen Seite hat sich in Europa in den letzten Jahren ein beunruhigender Aufstieg rechter Bewegungen vollzogen. Auf der anderen Seite haben neue linke Gruppierungen wie Syriza in Griechenland und Podemos in Spanien die Parteienlandschaft durch ihr Versprechen erschüttert, den Menschen ihre wirtschaftliche Souveränität wieder zurückzugeben. Angesichts einer durchschnittlichen Arbeitslosenquote von mehr als 10 Prozent in der Eurozone und mehr als 20 Prozent in Griechenland und Spanien findet diese Botschaft durchaus Anklang bei einer desillusionierten Wählerschaft, die das Vertrauen in das europäische Versprechen von Prosperität und wirtschaftlicher Sicherheit verloren hat.

Während sich die erste Phase der europäischen Staatsschuldenkrise hauptsächlich um die Frage drehte, ob der Kern der Eurozone bereit und willens wäre, die Peripherie zu retten, werden wir es in den folgenden Jahren mit einer Weiterentwicklung des Problems zu tun bekommen. Die Hauptfrage wird lauten, ob die Peripherie weiterhin die Bedingungen zu akzeptieren bereit sein wird, die von Deutschland und den Institutionen, die vormals unter dem Namen «Troika» bekannt waren, vorgegeben werden. Die erste griechische Wahl im Jahr 2015 und die nachfolgende Niederlage von Tsipras und Varoufakis in den Umschuldungsverhandlungen, die ihnen vom deutschen Finanzminister Wolfgang Schäuble zugefügt wurde, dürften wahrscheinlich nur die erste Runde einer Reihe von noch bevorstehenden ähnlichen Auseinandersetzungen gewesen sein. Wenn die Wähler eine Lockerung der strengen Sparpolitik fordern, könnte ein freiwilliges Ausscheiden aus der Eurozone und eine Rückkehr zu nationalen Währungen zunehmend zu einem attraktiven Weg für Regierungen werden, die ihre Wahlversprechen einzuhalten versuchen, ohne sich dabei durch das Regelwerk der Eurozone einschränken lassen zu wollen.

Die Zukunft der Eurozone und darüber hinaus, wie Angela Merkel zu Recht mehrmals erklärt hat, die Zukunft Europas insgesamt lagen in den vergangenen Jahren in den Händen einer relativ kleinen Elite von politischen Entscheidungsträgern. Sofern es kein Wirtschaftswunder gibt, wird diese Zukunft bald in den Händen einer relativ kleinen Zahl (im Verhältnis zur Gesamtbevölkerung der Eurozone) von südeuropäischen Wählern liegen. Sie scheinen zunehmend bereit zu sein, den Zusammenbruch eines Systems in Kauf zu nehmen, das sie nicht länger als hilfreich für die Verwirklichung ihrer Bestrebungen ansehen, wenngleich die Griechen bislang vor dem entscheidenden Schritt zurückgeschreckt sind. Wir können nicht sicher sein, dass sie, oder auch andere Wählerschaften, dies abermals tun werden, wenn sie sich zu stark unter Druck gesetzt fühlen.

Solange Europa seine Probleme nicht löst, wird es immer irgendeine nächste Wahl geben, bei der ein ganzer Kontinent den Atem anhält. Die Kräfte der Desintegration brauchen nur ein einziges Mal die Oberhand zu gewinnen, während wir jedes Mal Glück haben und hoffen müssen, dass Europa an allen Kreuzungen und Scheidewegen, auf die es trifft, stets den richtigen Weg nimmt.

Selbst in EU-«Kernländern» bilden sich populistische Bewegungen, wie der Aufstieg der eurokritischen AfD und nachfolgend der Pegida in Deutschland, der zahlreichen Randparteien in Italien und insbesondere des Front National in Frankreich unter Marine Le Pen belegt. Ähnlich wie die Bourbonen-Monarchie in der vorrevolutionären Zeit ist Frankreich heute ein wesentlich schwächeres Mitglied des europäischen Systems und ist sich dieser Tatsache auch schmerzhaft bewusst. Frankreich beklagt nicht nur seine wirtschaftliche Erstarrung, die zunehmenden Probleme mit nichtintegrierten Einwanderern und die Bedrohung durch den islamistischen Terror (die auf eindringliche Weise durch den abscheulichen Anschlag auf die Redaktion der Zeitschrift «Charlie Hebdo» und jüngst durch die Attacken auf ein Theater und diverse Cafés in Paris zum Ausdruck kam), sondern auch den Zerfall des traditionellen französisch-deutschen Kartells in Europa und dessen Ersetzung durch ein Arrangement, das sich in Richtung eines Monopols für Berlin entwickelt. Irgendwann wird das französische Volk gegen Europa aufbegehren und sich offen für die ablehnenden Kräfte der Rechten oder der Linken entscheiden. Ein Szenario, wonach Marine Le Pen in der ersten Runde der französischen Präsidentschaftswahl 2017 die meisten Stimmen erhält, erscheint heute als eine realistische Möglichkeit. Selbst in Angela Merkels eigener Partei, der CDU, in der die Kanzlerin jüngst einen beträchtlichen Teil ihres politischen Kapitals verspielt hat durch ihre Entscheidung für die Aufnahme einer beispiellos hohen Zahl von Flüchtlingen in Deutschland, werden die Spannungen zweifellos zunehmen, wenn offenkundig werden wird, dass der Status quo nicht mehr haltbar ist und weitere Kapitalspritzen für den kränkelnden Süden Europas bereitgestellt werden müssen. Das bedeutet, dass neben dem häufig diskutierten Szenario eines Ausscheidens von Griechenland oder Portugal auch eine «zentrale Sezession», bei der eines der beiden «Kernländer» aus der Union ausscheidet, nun möglich wird.

All dies unterstreicht das «Demokratie-Defizit» im Herzen der Union. Die Europäer beklagen seit langem das Fehlen einer direkten Verbindung zwischen der Wählerschaft des europäischen Kontinents und dessen Regierungs- und Verwaltungsorganen. Nun, da Brüssel und Berlin einigen europäischen Ländern eine Sparpolitik verordnen und anderen die Kosten von Rettungsmaßnahmen aufbürden, fühlen sich die Deutschen über den Tisch gezogen, während die Griechen, die Spanier und die Iren das Gefühl bekommen, dass sie entrechtet werden. Diese Stimmung reicht tiefer als die gegenwärtige Eurokrise, doch die Problematik der Gemeinschaftswährung hat sie noch weiter verstärkt. Zum ersten Mal seit ihrer Gründung wird die Frage gestellt, wer die Europäische Union eigentlich beherrscht.

In den ersten 15 Jahren nach der Unterzeichnung des Maastricht-Vertrages war die Antwort auf diese Frage relativ einfach. Die Nationalstaaten blieben innerhalb eines weitgespannten zwischenstaatlichen Rahmens die primären Träger der politischen Autorität auf dem Kontinent. Ausgestattet mit einem demokratischen Mandat, das sich bis zu den geographischen Grenzen eines jeden Landes erstreckte, konnten sich die Staaten zu marktüblichen Zinsen Geld leihen und dieses Geld dann unter der Aufsicht ihrer nationalen Parlamente ausgeben. Wenn die Bevölkerung mit der Handlungsweise ihrer Regierung unzufrieden war (etwa mit der Steuerpolitik, der Verschuldung oder der Verwendung der Haushaltsmittel), konnte sie ihr dieses Mandat bei der nächsten Wahl entziehen.

Zu den schwerwiegendsten Folgen der gegenwärtigen europäischen Krise gehört es, dass diese Mechanismen nicht mehr greifen. In vielen Ländern der Eurozone gibt es heute faktisch keine Demokratie mehr. Die traditionellen Haushaltsrechte, die grundlegenden Rechte jedes Parlaments, sind aufgehoben worden. In Spanien, Irland, Italien, Portugal, Zypern und Griechenland können die Parlamente nicht mehr unabhängig über die finanziellen Mittel des Staates entscheiden und sind daher auch nicht mehr in der Lage, den Willen ihrer jeweiligen Wählerschaft angemessen zu repräsentieren.

Die Hinweise darauf, dass Austerität eine schlechte Wirtschaftspolitik ist, haben sich in den vergangenen Jahren gemehrt.[4] Das soll nicht heißen, dass nicht in vielen Ländern Europas ein dringender Reformbedarf bestünde. Im Gegenteil, es gibt zahlreiche Ziele, an denen Reformen ansetzen könnten, beispielsweise der spanische und der italienische Arbeitsmarkt, der griechische Staatssektor oder das französische Sozialversicherungssystem. Auch eine kohärente Strategie für den Umgang mit dem enormen deutschen Leistungsbilanzüberschuss sollte auf dieser Liste ganz oben stehen. Doch die Vorstellung, dass starke Kürzungen der Staatsausgaben schnell das Vertrauen der Investoren wiederherstellen werden, hat sich als großer Irrtum herausgestellt und sollte nicht länger verteidigt werden. Wie sich gezeigt hat, fördert eine Politik der Ausgabenkürzungen die wirtschaftliche Kontraktion und erweist sich als kontraproduktiv, weil sie verheerende Auswirkungen auf die Beschäftigung hat – vor allem in Form steigender Jugendarbeitslosigkeit – und die Solvenz der Staatskassen auf dem Kontinent beeinträchtigt.

Wenngleich Protestbewegungen überall in Europa in ihrem Auftreten und ihren Einstellungen gelegentlich zu Extremen neigen und übertriebene Vereinfachungen einen rationalen politischen Diskurs verhindern, sind die grundlegenden Motive der Bürger, die auf die Straße gehen, weil sie sich «fremdbestimmt» fühlen, nicht eingebildeter, sondern realer Natur. Es ist zutreffend, dass sich diese Bürger in allen Fällen freiwillig für die Mitgliedschaft in der Union entschieden haben und diese jederzeit verlassen und ihre alte Landeswährung wieder einführen könnten. Diese Tatsache unterstreicht jedoch nur das Dilemma, in dem die Bevölkerung dieser Länder steckt, denn die Option, zu ihrer verfehlten nationalen Politik zurückzukehren, der sie durch den Beitritt zur Union zu entkommen hofften, ist keine ernsthafte Wahl. Ihre Tragödie besteht darin, dass sie im Augenblick weder nach vorn weitergehen können, in einen voll entwickelten demokratischen EU-Staat, noch zurückkehren wollen in eine Vergangenheit, die sie schon lange hinter sich wähnten.

Die europäische Integration ist oft mit einem Fahrrad verglichen worden, das ständig in Bewegung bleiben muss, damit sein Fahrer nicht herunterfällt. Gegenwärtig jedoch besteht eher die Gefahr, dass die Union entweder eine katastrophale Reifenpanne durch einen Staatsbankrott und einen Bankenzusammenbruch erleidet oder einen schleichenden Plattfuß, in dessen Folge die Wirtschaft der Eurozone langsam in eine unaufhaltsame Depression abgleitet, die nicht nur das Leben von Millionen von Menschen stark beeinträchtigen, sondern auch dem europäischen Ideal den Garaus machen wird.

Aus all diesen Gründen ist Europa heute ein wesentlich schwächerer Akteur auf der Weltbühne, als es sein wirtschaftliches, soziales, kulturelles, demographisches und militärisches Potenzial rechtfertigen würde. Mit einer Bevölkerung von 338 Millionen Menschen, einem Bruttoinlandsprodukt (BIP) von ungefähr 10 Billionen

Euro und einem Verhältnis des Schuldenstands zum BIP, das niedriger liegt als jenes der Vereinigten Staaten von Amerika, erfüllt die Eurozone auf dem Papier alle Voraussetzungen dafür, einer der mächtigsten, wenn nicht gar der mächtigste Akteur in der internationalen Arena zu sein.[5] Doch ihre Unfähigkeit, geschlossen zu handeln, um die Interessen der Bevölkerungen ihrer Länder zu verfolgen, führt nicht nur zu einer enormen Vergeudung ihrer Ressourcen, sie hindert sie auch daran, sich für die Herausforderungen der Globalisierung zu rüsten.

Im globalen Rahmen steht die Union den «aufstrebenden Mächten» China, Indien und, in geringerem Maß, Brasilien gegenüber. Diese sind sowohl Wirtschaftspartner wie auch Konkurrenten, deren alternatives «Entwicklungsmodell» als Herausforderung des Okzidents begriffen wird. Im Falle von China ist die Herausforderung darüber hinaus militärischer und politischer Natur, da Peking bereits jetzt im Pazifik und in der Frage der Menschenrechte einen Konfrontationskurs gegenüber dem Westen und seinen Verbündeten verfolgt. Künftige Konflikte mit Peking um Ressourcen im Nahen Osten und in anderen Regionen sind wahrscheinlich. Zudem ist China zum gegenwärtigen Zeitpunkt, wie Ian Bremmer herausgestellt hat, der einzige globale Akteur, der eine wirklich globale Strategie verfolgt.[6] Chinesische Projekte wie die New Development Bank und das Investitionsprogramm für eine Wiederbelebung der Seidenstraße zielen zumindest teilweise darauf, die internationalen politisch-administrativen Regelungsstrukturen zu untergraben, welche die USA und ihre westlichen Verbündeten nach dem Zweiten Weltkrieg aufgebaut haben. Weit davon entfernt, vollkommen zu sein, und vielfach selbst dringend reformbedürftig, haben Institutionen wie die

Weltbank und der Internationale Währungsfonds (IWF) dazu beigetragen, einen globalen Rahmen von Regeln und Normen aufzubauen, der die Interessen Europas auf eine Weise schützt, wie es neu geschaffene Einrichtungen wie die oben erwähnten oder die unter chinesischer Führung stehende Asian Infrastructure Investment Bank nicht tun werden.

Zudem hat die Union nur träge auf Bedrohungen an ihrer Südflanke reagiert und konnte zu keiner gemeinsamen Haltung oder wirksamen Vorgehensweise gegenüber dem sogenannten Islamischen Staat, dem Arabischen Frühling oder gescheiterten Staaten in ihrer Nachbarschaft, wie etwa Libyen, finden. Zur selben Zeit belastet eine Flüchtlingskrise bislang ungekannten Ausmaßes den europäischen Kontinent und seine Nachbarn. Die Logik divergierender nationaler Interessen bestimmt das Verhalten in dieser Frage, eine gemeinsame Lösung ist nicht in Sicht; gleichzeitig werden die Ursachen dieser gewaltigen Migrationsbewegung nicht in Angriff genommen, und das Leiden der Menschen dauert unvermindert an.

Der Fall Ungarn hat gezeigt, dass zwar kein europäisches Land imstande ist, die Flüchtlingskrise allein zu bewältigen, dass aber ein Land allein den gesamten europäischen Kontinent beschämen kann. Zweifellos geht das Schengen-Abkommen davon aus, dass die EU ihre Außengrenzen schützt und dass sie auch die Fähigkeit besitzen muss, dies zu tun. Doch das Verhalten von Viktor Orbán in dieser Krise, die unwürdige Behandlung der Flüchtlinge in Ungarn und seine dreiste Herausforderung der europäischen Institutionen sollten nicht hingenommen werden. Ungarn und den übrigen Ländern mit Außengrenzen, sei es im Osten wie im Süden, darf es nicht allein überlassen werden, Flüchtlinge abzuwehren, denn übereilte einseitige Maßnahmen und eine fremdenfeindliche Rhetorik werden uns einer Lösung nicht näher bringen. Wenn sie an einer Staatsgrenze aufgehalten werden, dann werden sich Flüchtlinge, wie wir im Sommer 2015 gesehen haben, schlicht einen schlechter bewachten Grenzübergang suchen, durch den sie Zutritt in den Schengen-Raum erhalten. Entweder wir regeln dieses Problem gemeinsam oder gar nicht.

Angela Merkels Parole in der Flüchtlingskrise, ihr unbeirrtes «Wir schaffen das!» ist in Deutschland und Europa teils auf euphorische Zustimmung, teils auf entsetzte Ablehnung gestoßen. Nachahmer hat sie unter den Staatschefs der anderen Mitgliedsstaaten jedenfalls nicht gefunden. Im Gegenteil, der Widerstand, insbesondere im Osten der EU, wächst, und selbst die relativ geringe Umverteilung von Flüchtlingen, deren Rechtmäßigkeit sich eindeutig aus den Artikeln 67 und 78 des Vertrages von Lissabon ergibt, wird dort abgelehnt.

Liberale Kommentatoren aus den USA, einstmals das Land, das es wie kein zweites verstand, sich die Energie von Zuwanderern zunutze zu machen, blicken dennoch nicht ohne Neid nach Europa und auf Merkels kompromisslose Haltung in der Flüchtlingsfrage. Während Steve Jobs, Sohn eines syrischen Einwanderers, längst zum Säulenheiligen des «amerikanischen» Fortschritts aufgestiegen ist, überbieten sich die Kandidaten im republikanischen Vorwahlkampf in ihrer immer extremeren Ablehnung jeder Zuwanderung aus islamisch geprägten Staaten und stellen so einen Grundsatz des amerikanischen Selbstverständnisses in Frage.

Allerdings ist das Risiko eines deutschen Alleingangs in der Flüchtlingsfrage nicht zu unterschätzen. Denn der

Flüchtlingsstrom ist zwar keineswegs so überwältigend, wie uns manche Kommentatoren glauben lassen wollen. Selbst wenn Europa jeden der ca. 4 Millionen syrischen Flüchtlinge aufnehmen würde, hätte dies lediglich einen Anstieg des muslimischen Bevölkerungsanteils von vier auf ca. fünf Prozent zur Folge.

Die Gefahr jedoch, dass Anschläge, wie wir sie in Paris erlebt haben, und Übergriffe wie zu Silvester in Köln und anderen deutschen Städten die Stimmung kippen lassen, bleibt akut. 2016 werden wir wohl noch weitere Vorfälle dieser Art erleben, die die Verunsicherung in der Bevölkerung steigen lassen werden. Voraussetzung für eine gelungene Integration ist europäische Solidarität und die faire Aufteilung der Kosten und Nutzen von Zuwanderung auf dem Europäischen Kontinent.

Es geht daher jetzt darum, einerseits sicherzustellen, dass Einwanderung kontrolliert erfolgt und dass die europäischen Außengrenzen gesichert sind. Europa braucht Einwanderung, und selbst wenn der wirtschaftliche Bedarf weitgehend aus dem Osten gedeckt werden kann, so müssen wir uns aus humanitären Gründen bereithalten, aus anderen Krisengebieten eine Anzahl von Flüchtlingen aufzunehmen. Europa kann sich nicht vor dem Elend im Mittleren Osten verstecken, und es trägt auch Verantwortung dafür, da es Syrien seinem Schicksal überlassen hat. Aber es muss nicht hilflos dabei zusehen, wie die Gewalt der muslimischen Welt in seine Mitte getragen wird.

Zweitens müssen wir dringend vermeiden, die Fehler der Vergangenheit zu wiederholen. Die Fehler Frankreichs, das sich schlicht damit begnügte, nordafrikanische Einwanderer in Trabantenstädten abzuladen und den Rest der Gesellschaft so gut wie möglich abzuschotten. Die Fehler Deutschlands, wo Helmut Kohl einst davon ausging, dass die türkischen Gastarbeiter nach getaner Arbeit freiwillig wieder in ihre ursprüngliche Heimat zurückkehren würden oder notfalls mit finanziellen Anreizen dazu bewegt werden könnten.

Um nun angesichts neuer Wellen von Immigration die Entstehung von Parallelgesellschaften zu vermeiden, muss die leidige Debatte über eine Europäische «Leitkultur» endlich in geordnete Bahnen gelenkt werden. Der einseitige Fokus auf erzwungene Assimilierung und die Verteidigung des europäischen Wertekanons, hat sie zu einer Waffe in den Händen rechter Populisten werden lassen. Ganz anders funktionierte ein ähnlicher Begriff, der des «American Way of Life» in den USA, wo die Anpassung an herrschende kulturelle und rechtliche Normen über Jahrhunderte als selbstverständliche Grundvoraussetzung für individuellen Erfolg jedes einzelnen Einwanderers gesehen wurde. Gleichzeitig ist die Political Correctness der Linken, wonach Europa alle Flüchtlinge aus welchen Gründen auch immer aufnehmen muss, ohne dass von diesen irgendeine Anpassungsleistung erwartet wird, wenig zielführend. Es bleibt zu hoffen, dass auf beiden Seiten des Atlantiks der Hysterie ein klares staatliches Handeln entgegentritt, das den Kern des Sicherheitsproblems entschlossen angeht und nicht den Übertreibern und Demagogen das Feld überlässt.

Der «European Way of Life» muss nicht verteidigt werden, er muss in ganz Europa gelebte Selbstverständlichkeit sein. Wir werden dann davon ausgehen können, dass bereits der Akt der Einwanderung die Annahme dieser Werte beinhaltet. Dafür bedarf es gesamteuropäischer Institutionen, die eine geordnete Einwanderung ermöglichen, welche sowohl dem legitimen Sicherheitsbedürfnis der Europäer als auch den grundlegenden

Menschenrechten all jener, die in Europa Schutz vor Krieg und Verfolgung suchen, gerecht wird.

Eine Beilegung der Flüchtlingskrise erfordert eine dreiteilige Strategie, die sich als Erstes um die Integration der legalen Flüchtlinge bemüht, die bereits hier sind oder in den nächsten Jahren noch kommen werden. Das heißt, es bedarf der Schaffung einer paneuropäischen Infrastruktur, die es ermöglicht, rasch den rechtlichen Status von Flüchtlingen zu bestimmen, und der Entwicklung von Programmen, die Flüchtlinge in die Lage versetzen, an der europäischen Wirtschaft teilzuhaben und sich schließlich in die europäische Gesellschaft und ihre Werteordnung einzugliedern. Zum Zweiten muss eine gemeinsame europäische Grenzüberwachungsbehörde geschaffen und mit zentralen Geldern finanziert werden, die mit ausreichend Mitteln ausgestattet ist und sicherstellen kann, dass die Migration nach Europa in geordneten Bahnen und nach festen Regeln verläuft. Europa braucht Einwanderung, doch ein unkontrollierter Zustrom von Flüchtlingen und Immigranten nach Europa wird zweifellos gravierende innere und äußere Probleme nach sich ziehen und muss verhindert werden. Zum Dritten müssen die Ursachen der Migration, insbesondere die katastrophale Situation in den Ländern des Nahen Ostens, bekämpft werden. Dies bedeutet, dass in enger Abstimmung mit den Partnerländern in Europa und deren Bevölkerung eine klare Strategie formuliert werden muss, die dazu beiträgt, dass im Nahen Osten Stabilität und Demokratie einkehren können.

Alle diese genannten Maßnahmen erfordern ein Europa, das zu vorausschauender Planung in der Lage und bereit ist, seiner Verantwortung in den globalen Angelegenheiten gerecht zu werden. Die Zeiten, in denen Europa als Trittbrettfahrer von der von Amerika bestimmten globalen Sicherheitsinfrastruktur profitieren konnte, nähern sich dem Ende. Ein verantwortungsbewusstes Europa wird sein eigenes Gewicht in die Waagschale werfen und eine sehr klare Vorstellung davon entwickeln müssen, was dies im kurzfristigen Zeithorizont bedeutet. Ein solches Europa gibt es noch nicht.

Langfristig wird Europa sowohl wirtschaftlich als auch in geopolitischer Hinsicht an Einfluss verlieren, wenn es nicht strategisch zu denken beginnt. In den politischen Auseinandersetzungen während des ersten Golfkriegs (1990/91) tat der damalige belgische Außenminister Mark Eyskens seinen berühmt gewordenen Ausspruch: «Europa ist ein wirtschaftlicher Riese, aber ein politischer Zwerg und ein militärischer Wurm.» Heute, 24 Jahre später, gilt dieser Satz nach wie vor.[7]

Zwar sind die USA noch immer der einzige weltpolitische Akteur, der in militärischer wie in diplomatischer Hinsicht zu entschlossenem Handeln in der Lage ist, doch ihre Bereitschaft, sich in Teilen der Welt neu zu engagieren, die für sie bestenfalls von geringem ökonomischem oder strategischem Interesse sind, hat deutlich abgenommen. Die Abhängigkeit der USA von Erdölimporten ist stark zurückgegangen, und nach dem Atomabkommen mit dem Iran gibt es für die Amerikaner nur noch wenig Grund, ein Engagement aufrechtzuerhalten, das einstmals für ihre globalen Ambitionen von ebenso großer Bedeutung war wie heute für die europäischen Sicherheitsinteressen. Nach einem Jahrzehnt weitgehend fehlgeschlagener Interventionen im Nahen Osten soll dies nicht heißen, dass die Europäer schlicht dort weitermachen sollen, wo die Amerikaner aufgehört haben. Doch um die mannigfaltigen humanitären Katastrophen an unseren Grenzen und in unserer globalen Nachbarschaft zu bekämpfen, müssen wir in einem völlig anderen Maßstab zu denken und zu handeln beginnen.

In diesem Kontext stellt das Wiedererstehen eines autoritären und auf territoriale Veränderungen abzielenden Russlands unter Wladimir Putin zweifellos die größte unmittelbare Bedrohung dar. Putins unverhohlene Ablehnung der westlichen Demokratie und der Menschenrechte bildet eine ideologische Gefahr für die Union und hat ihm in Europa Freunde auf der extremen Linken wie auch auf der extremen Rechten eingebracht. Putin hat sich darüber hinaus in das europäische politische System eingekauft, zum Beispiel durch das jüngst vergebene russische Darlehen an den französischen Front National. Sein Plan für eine «Eurasische Union» ist als eine direkte Antwort auf die Europäische Union, deren Sprache und Strukturen er explizit nachahmt, wie auch auf China und die USA konzipiert. Am beunruhigendsten allerdings sind Putins strategische Ambitionen, die er bislang weitgehend ungehindert verfolgen konnte. Als Russland im Jahr 2007 einen Cyber-Angriff auf Estland durchführte, gab es keine angemessene Reaktion, was ihn dazu ermutigte, ein Jahr später einen Krieg mit Georgien zu provozieren.

Im gegenwärtigen Krieg an Europas Ostgrenze zielt die russische Aggression nicht nur gegen die NATO, sie ist explizit auch gegen die EU gerichtet und gegen das Modell der Zivilgesellschaft und der Herrschaft des Rechts, das sie repräsentiert. Der Historiker Timothy Snyder betrachtet diesen Konflikt als eine Auseinandersetzung zwischen jenen, welche die Zivilgesellschaft unterdrücken wollen, und jenen, die sie verkörpern möchten. Diese Auseinandersetzung ist zugleich Bestandteil eines größeren historischen Konflikts. Im Kontext dieses Kampfes würde eine Wiederholung der polnischen Erfolgsgeschichte in der Ukraine oder einem anderen ihrer ehemaligen Randgebiete die russische Regierung vor Probleme stellen, die man nur als existenziell bezeichnen kann. In Anbetracht dieser Gefahr besteht nur wenig Zweifel, dass Russland jede Gelegenheit nutzen würde, die EU zu schwächen, um auch das gesellschaftliche, zivile und politische Modell zu schwächen, für das sie steht.[8]

Europas Weigerung, im Kaukasus einzugreifen, ermutigte Putin im März 2014 zur Annexion der Krim, und unsere verzagte Reaktion auf diese Aggression überzeugte ihn, dass er kurze Zeit später auch in den Osten der Ukraine einmarschieren konnte. Daraufhin hat Europa ein strenges, aber keineswegs brutales Sanktionsregime gegen Moskau verhängt. Und während die EU-Mitgliedstaaten, die Russland unmittelbar gegenüberstehen, in ständiger Angst vor den Absichten Moskaus leben, scheint in der Union insgesamt kein Bewusstsein für die Dringlichkeit dieser Problematik vorhanden zu sein. Vor allem Deutschland, das starke wirtschaftliche und Energieinteressen in Russland besitzt, auch kulturell wirksamer militärischer Abschreckung abgeneigt ist und durch einen *cordon sanitaire* aus befreundeten Staaten von Putin abgeschirmt wird, ist diesbezüglich als Bremser aufgetreten.

Als hätte dies nicht genügt, kehrte auch die seit langem schwelende britische Frage wieder mit Vehemenz zurück.[9] Ihr Ursprung reicht zurück ins Jahr 1973, in die Zeit des EU-Beitritts von Großbritannien, als nicht hinreichend geklärt wurde, ob sich Großbritannien lediglich einer Freihandelszone anschloss oder ob es ein Programm annahm, das auf die Schaffung einer immer engeren politischen und wirtschaftlichen Union zielte. Als die Währungskrise zu einer weiteren Beschleunigung der fiskalischen und politischen Integration führte, wurde die britische Frage aufs Neue aufgeworfen.[10] Welche Auswirkungen für die Souveränität des Vereinigten Königreiches würden diese neuen Maßnahmen nach sich ziehen und mit welchem Recht beteiligte sich Großbritannien an Entscheidungen über Maßnahmen zur Rettung der Eurozone, der es gar nicht angehört? Und warum sollte Großbritannien für Fehler mitbezahlen, die in Brüssel begangen worden waren? Der Konflikt spitzte sich auf dem EU-Gipfel 2011 zu, als der britische Premierminister David Cameron sein Veto gegen einen EU-Vertrag zur Rettung des Euro einlegte, um die Interessen der City of London zu schützen, und dabei feststellen musste, dass er unter den europäischen Ländern nicht nur isoliert war, sondern von ihnen auch ins Abseits gestellt wurde.[11] Mittlerweile hat der in der EU geltende Grundsatz der Freizügigkeit auch die Einwanderungsdebatte in Großbritannien wieder befeuert, da die – im Verhältnis zu anderen EU-Ländern – relativ dynamische britische Volkswirtschaft Arbeitskräfte aus anderen Teilen der Union anzieht. Darüber hinaus hat der rechte Flügel der Konservativen, der sich lange Zeit weitgehend ruhig verhielt, seine Bemühungen um einen EU-Austritt verstärkt, während die einst randständige United Kingdom Independence Party (UKIP) in den Meinungsumfragen beträchtlichen Aufwind erfuhr, der sich jedoch noch nicht in einer entsprechenden Zahl von Parlamentssitzen niederschlug, obwohl sie in vielen Wahlkreisen zweitstärkste Partei wurde.

Premierminister Cameron hat zugesagt, bis spätestens 2017 ein Referendum über die weitere Mitgliedschaft

Großbritanniens in der EU abzuhalten. Er hegt erklärtermaßen die Hoffnung, dass es ihm gelingen werde, Großbritanniens Position in der EU neu zu verhandeln oder sogar eine «Reform» der Europäischen Union insgesamt durchzusetzen, so dass er den Wählern schließlich den Verbleib in der Union empfehlen kann. Um diese Strategie umsetzen zu können, muss der Premierminister die Möglichkeit eines Austritts glaubhaft erscheinen lassen. Aufgrund seiner Rhetorik und der Stimmung in seiner Partei[12] sowie der allgemeinen Entwicklung der öffentlichen Meinung in Großbritannien ist dies auch kein Bluff.[13] Schließlich war Cameron auch bereit, 2014 die Fortsetzung oder Auflösung der Union zwischen England und Schottland einer Volksabstimmung zu unterwerfen; er dürfte wohl kaum zögern, dies auch in Bezug auf Europa zu tun, falls es ihm richtig oder opportun erscheint. Zudem hat die Wahl von Jeremy Corbyn zum neuen Vorsitzenden der Labour Party eine Mehrheit für «Nein» wahrscheinlicher gemacht. Zum einen, weil Corbyn praktisch von niemandem zugetraut wird, eine Parlamentswahl gewinnen zu können, so dass sich die europaskeptischen Tories ermutigt fühlen, unverblümt ihre Meinung zu sagen, nachdem sie nicht mehr befürchten müssen, gegenüber der wesentlich schwächeren Labour Party das Bild einer uneinigen oder zerstrittenen Partei zu vermitteln. Zum anderen, weil Corbyn im Gegensatz zu den drei vorhergehenden Labour-Führern ebenfalls ein erklärter Europaskeptiker ist. Ein «Brexit» 2017 oder vielleicht schon früher erscheint daher keineswegs ausgeschlossen.

Zugleich wird die britische Frage durch die fortdauernden Bestrebungen für ein unabhängiges Schottland noch auf eine andere Weise gestellt, selbst nach der verlorenen Volksabstimmung vom September 2014.[14] Das bevorstehende EU-Referendum wird der Scottish National Party (SNP) eine Gelegenheit bieten, das Thema der Unabhängigkeit wesentlich früher als erwartet wieder auf die Tagesordnung zu setzen, da sie glaubhaft darauf hinweisen kann, dass die Gefahr besteht, dass die Bedingungen der Union mit England verändert werden könnten. Nach Lage der Dinge ist es möglich, dass sich England für einen Austritt aus der Europäischen Union entscheidet, während Schottland für den weiteren Verbleib in der EU votiert. Wenn Großbritannien allein auf der Grundlage der englischen Stimmen aus der Europäischen Union ausscheiden sollte, würde Schottland zweifellos eine neue Abstimmung über die Unabhängigkeit verlangen. Wales und Nordirland würden aus verschiedenen Gründen diesen Weg wahrscheinlich nicht einschlagen, aber es würde eine beträchtliche Unzufriedenheit entstehen, nicht zuletzt bei den Katholiken in Ulster, die das Gefühl bekommen würden, dass sie noch stärker von ihren Brüdern und Schwestern in der Irischen Republik getrennt werden würden. Wenn sich Großbritannien dagegen für den Verbleib in der EU entscheiden und die schottischen Stimmen dabei den Ausschlag geben würden, könnte dies dem englischen Nationalismus und der UKIP Auftrieb verleihen und sogar zur Forderung einer Trennung von Schottland führen, um die Souveränität des Vereinigten Königreiches zu bewahren. Unter diesen Umständen würde eine «zentrale Sezession» durch eine einseitige englische Unabhängigkeitserklärung von Europa (und vom Vereinigten Königreich!) eine Möglichkeit werden, wenngleich eine sehr unwahrscheinliche.

Über seine Auswirkungen auf das englisch-schottische Verhältnis hinaus würde ein feindseliges und ungeregeltes Ausscheiden Großbritanniens aus der EU weitreichende Konsequenzen für das Land nach sich ziehen.[15] Großbritannien würde den Zugang zum Europäischen Gerichtshof verlieren, über den es seine Position im Gemeinsamen Markt schützen kann. Es würde weiterhin mit Europa Handelsbeziehungen unterhalten wie zuvor, aber es würde, wie Norwegen und die Schweiz, gezwungen sein, sich an die Regeln zu halten, ohne sie selbst beeinflussen zu können. Dies würde vor allem für die City of London schwerwiegende Auswirkungen haben. Sie wäre französischen oder deutschen Versuchen ausgesetzt, das Zentrum der europäischen Finanzwirtschaft von London nach Paris oder Frankfurt zu verlagern oder London den Handel mit Instrumenten zu verwehren, die in Euro denominiert sind. Wenn Großbritannien sein Recht zur Beschränkung der Einwanderung ausüben würde, würde es in die Gefahr geraten, seiner Volkswirtschaft die dringend benötigten gut ausgebildeten und motivierten Arbeitskräfte vorzuenthalten, weshalb die meisten Wirtschaftsvertreter gegen einen Rückzug aus der EU sind. London sollte sich deshalb davor hüten, diese speziellen Verbindungen zu durchtrennen, sonst könnte es das gesamte europäische Gefüge in Schwierigkeiten bringen.

Natürlich würde Großbritannien überleben. Es ist noch immer eine der einflussreichsten Weltmächte, wahrscheinlich die Nummer drei nach den USA und China, und gehört sicherlich zu den fünf oder sechs bedeutendsten Mächten weltweit. Großbritannien hat einen ständigen Sitz im Weltsicherheitsrat, unterhält einen machtvollen diplomatischen Dienst und starke Streitkräfte. Anders als die labile Eurozone verfügt Großbritannien über eine stabile Währung, das Pfund Sterling, dessen

Stärke schwankt, dessen Existenz aber außer Zweifel steht und eine fortdauernde wirtschaftliche Souveränität des Landes verbürgt. Zwar ist die Staatsschuldenqote relativ hoch, doch die genannten Faktoren haben historisch die gute Kreditwürdigkeit des britischen Staates sichergestellt.

Der eigentliche Schaden durch einen ungeordneten «Brexit» würde auf dem europäischen Kontinent zum Tragen kommen. Ein zweites «Dünkirchen», bei dem Großbritannien seine Souveränität wiedererlangte, indem es den Kontinent seinem Schicksal überließe, während die Eurozone immer weiter in die Krise abglitte, würde verheerende psychologische Auswirkungen auf die europäischen Partner Großbritanniens nach sich ziehen, vor allem in Nord-, Mittel- und Osteuropa. Es könnte sogar zu einem Zerfall der Währungsunion führen, wenn schließlich auch die Deutschen danach streben würden, ihre Handlungsfreiheit wiederzuerlangen. Wenn Deutschland in der Union verbliebe, würde es dieses restliche Gebilde noch stärker dominieren als heute schon, selbst wenn es dies nicht wollte.[16] Das Ergebnis würde höchstwahrscheinlich ein zersplittertes, ängstliches und verletzbares Europa sein, das wohl nicht imstande wäre, sich gegen die Briten zu vereinen, aber noch weniger fähig sein würde, jene ökonomische und politische Stabilität auf dem europäischen Kontinent herzustellen, auf der nicht nur Großbritanniens Wohlstand, sondern auch seine Sicherheit seit jeher beruhte. Auch in optimistischeren Szenarien werden die negativen Folgen hervorgehoben, die ein britischer Rückzug für den Rest der Union nach sich ziehen würde. Er würde die Anhänger des freien Marktes in der Union schwächen, und er würde, wenn er auch kein Gedränge an der Ausgangstür verursachen würde, in den übrigen Mitgliedstaaten für starke Verunsicherung sorgen. Zumindest würde ein «Brexit» nach Lage der Dinge Europa seiner schlagkräftigsten Streitkräfte berauben und die gemeinsame Außen- und Sicherheitspolitik zu einem weitgehend zahnlosen Unternehmen werden lassen.[17]

Erstaunlicherweise möchte das Vereinigte Königreich diese grundlegende Entscheidung schon fällen, bevor es sie treffen muss, und auch, bevor es sie tatsächlich treffen kann. Ein Referendum über die künftige Rolle Großbritanniens in Europa ergibt jedoch erst dann einen Sinn, wenn klar geworden ist, wohin die Europäische Union steuert. Camerons Plan erkennt dies im Prinzip an, ignoriert es jedoch in der Praxis, indem er eine falsche Sichtweise einnimmt. Er sollte nicht die Frage stellen, ob die Europäische Union umgestaltet werden kann, damit Großbritannien imstande ist, seine Mitgliedschaft aufrechtzuerhalten, sondern er sollte fragen, was getan werden muss, um den Kontinent ein für alle Mal auf die richtige Schiene zu setzen, und wie Großbritannien dazu beitragen kann. Alle weiteren Fragen bezüglich des Verhältnisses zwischen London und der Eurozone werden sich regeln, wenn dies geklärt ist.

Europa steckt daher in seiner tiefsten Krise seit mehr als fünfzig Jahren. Die gemeinsame Währung und die Institutionen, die es zusammenhalten, könnten jeden Augenblick implodieren. Ein «Brexit» erscheint wahrscheinlicher denn je. Die Sezession eines «Kernlandes» wie Frankreich ist absolut möglich. Zugleich versucht Europa mit einem wiedererstarkenden Russland zurechtzukommen, das nicht nur die territoriale und die rechtliche Ordnung des Kontinents umgestoßen, sondern mittlerweile auch eine militärische Intervention in der Levante

gestartet hat. Der Nahe Osten befindet sich in einer schlimmeren Lage als jemals zuvor und exportiert Instabilität durch Terrorismus und Migrationsströme, zu deren Eindämmung oder Bewältigung uns schlicht die Instrumente fehlen. Kurz gesagt, unser Kontinent steht am Abgrund.

2. Die deutsche Frage

In seiner fulminanten Rede vor dem griechischen Parlament geißelte der frühere griechische Finanzminister
Yanis Varoufakis die Bedingungen des «Rettungsplans»,
die Griechenland von den europäischen Staatsführern,
insbesondere von Berlin, aufgezwungen würden, als ein
«neues Versailles». Diese bewusste Anspielung auf die
strengen, einer Bestrafung gleichkommenden Friedens-
bedingungen, die dem kaiserlichen Deutschland nach dem
Ende des Ersten Weltkriegs auferlegt wurden, vor allem
die «Reparationszahlungen», zu denen man Deutschland
verpflichtete, wurde weltweit von den Medien und den
Politikern aufgegriffen. Weithin wurde die Vorgehensweise Berlins als zu hart, als «brachial» verurteilt. «Der
Mann mit der Knarre», urteilte der Londoner Bürger-
meister Boris Johnson, «ist der deutsche Finanzminister
Wolfgang Schäuble» und «es sind jetzt die Deutschen, die
den Ton angeben». Hat also die Eurokrise etwas zuwege
gebracht, was der deutsche Kaiser und später Hitler auf
militärischem Weg nicht erreichen konnten, nämlich die
Durchsetzung der deutschen Vorherrschaft in Europa?
Und hat der verstorbene Soziologe Ulrich Beck recht,
der etwas weniger übertrieben feststellte, dass die deutsche Kanzlerin Angela Merkel eine berechnende «Merki-
avelli» sei, deren Ziel in der «Germanisierung» Europas
bestehe?

   Die kurze Antwort auf diese Fragen lautet «Nein».
Deutschland unterdrückt weder die Griechen noch an-

dere Länder der Eurozone. Niemand hat diese vormals souveränen Staaten zum Beitritt zur Währungsunion gezwungen, weder mit Waffengewalt noch auf andere Weise. Es war ein Tanz, bei dem diese Länder unbedingt dabei sein wollten, wobei manche eher wie hässliche Stiefschwestern wirkten, die ihrem ökonomischen Körper Gewalt antaten, damit sie in die Schuhe der geforderten Konvergenzkriterien passten. Zudem will auch keines dieser Länder aus der Währungsgemeinschaft ausscheiden, denn sie möchten nicht ihre gescheiterten nationalen Politiken wieder aufnehmen, denen sie durch «Europa» zu entkommen versuchten. Aus Meinungsumfragen geht hervor, dass sich eine große Mehrheit der Griechen, wenn sie vor die Wahl gestellt werden, ob sie zur Drachme und zur nationalen Souveränität zurückkehren oder die deutsche Führung in Europa akzeptieren wollen, für Letzteres entscheidet. Dasselbe gilt mehr oder weniger auch für die übrigen Mitgliedsländer der Währungsunion. Es gibt für diese Länder nur eines, was noch schlimmer ist, als in der Eurozone von Deutschland beherrscht zu werden, nämlich in der Eurozone nicht von Deutschland beherrscht zu werden. Was immer hier vor sich geht, es ist keineswegs eine Wiederherstellung des Zweiten oder gar des Dritten Reiches.

Dennoch ist die gegenwärtige Krise zum großen Teil das Produkt eines deutschen Problems und auch des imperialen deutschen Erbes. Um zu verstehen, warum es überhaupt die Europäische Union gibt und warum sie heute eine solch offenkundige Schwäche zur Schau stellt, müssen wir uns einem Thema zuwenden, das die Geschichte unseres Kontinents stärker als alles andere bestimmt hat: der deutschen Frage. Über die Jahrhunderte war dies ein Streit darum, wer den Raum im Herzen Europas beherrschen sollte. In jüngerer Zeit ist es eine Debatte über die Frage, wie man Deutschland einhegen kann und/oder wie man seine Kräfte am besten zum Wohle Europas mobilisieren kann.[18]

Deutschland (bzw. die verschiedenen politischen Gebilde, unter denen die Deutschen lebten) war spätestens seit dem 16. Jahrhundert der Dreh- und Angelpunkt des europäischen Staatensystems. Seine zentrale geographische Lage machte es zum Tummelplatz Europas, zu einem Territorium, auf dem eine Vielzahl ausländischer Armeen um die Vorherrschaft auf dem Kontinent rangen – die Türken, die Spanier, die Franzosen, die Briten,[19] die Franzosen und die Schweden, um nur die wichtigsten zu nennen. Durch seinen Bevölkerungsreichtum, die Arbeitsamkeit seiner Einwohner und die Tapferkeit seiner Soldaten wurde Deutschland zur begehrtesten Beute im Staatensystem. Es wurde zu einem Diktum der europäischen Politik, dass dieses Gebiet, wie ein schwedischer Diplomat Mitte des 17. Jahrhunderts bemerkte, «ein angenehmer und dicht bevölkerter Teil der Welt mit einer kriegerischen Bevölkerung [ist] und dass es kein anderes Land unter der Sonne [gibt], das sich in einer besseren Lage befindet, um eine Universalmonarchie zu errichten und die unumschränkte Vorherrschaft über Europa zu erlangen als Deutschland».[20]

In den vergangenen 500 Jahren fürchtete man weniger, dass Deutschland selbst das europäische Kräftegleichgewicht stören und durcheinanderbringen könnte, sondern dass eine äußere Macht die Deutschen dazu benutzen könnte. Denn das «Heilige Römische Reich Deutscher Nation» war ein zersplittertes politisches Gebilde, das durch einen erbitterten Machtkampf zwischen der kaiserlichen Zentralgewalt und den mächtigen Landesfürsten, den Katholiken und den Protestanten geprägt war. Dadurch entstand ein politisches Vakuum im Herzen Europas, das Instabilität exportierte und die Begehrlichkeiten der Nachbarn weckte. Am verheerendsten kam das im Dreißigjährigen Krieg zum Ausdruck, aber auch in den türkischen Vorstößen nach Europa sowie in den Revolutionskriegen und den Befreiungskriegen gegen Napoleon. Seine zentrale Lage in Europa erwies sich somit als Fluch für Deutschland. Der Philosoph Wilhelm Leibniz beklagte 1670, Deutschland sei «der Ball, den sich [die Mächte] gegenseitig zuspielen ... das Schlachtfeld, auf dem der Kampf um die Vorherrschaft über Europa ausgetragen wird».[21]

Aus diesem Grund versuchten die europäischen Staatsführer Deutschland auf eine neue politische Grundlage zu stellen, damit sich die Deutschen nicht immer entweder gegenseitig an die Kehle gingen oder zu Füßen ihrer Nachbarn lagen. Dies erforderte Institutionen, die innere Spannungen entschärften, nötigenfalls auch durch Interventionen von außen, und die gemeinsamen Energien zur Verteidigung der Außengrenzen des Reiches mobilisierten. Die deutsche Politik war daher durch eine sorgfältig austarierte Machtteilung zwischen der kaiserlichen Gewalt und der Vertretung der Reichsstände, dem Reichstag, gekennzeichnet. Frankreich und Schweden wurden im Westfälischen Frieden von 1648 zu Garantiemächten bestimmt und erhielten das Recht, in die deutschen Angelegenheiten einzugreifen, wenn dies erforderlich war, um den Frieden zu bewahren oder eine ausländische Einmischung abzuwehren. Im 18. Jahrhundert wurde auch Russland formell dieses Privileg eingeräumt. Der Deutsche Bund von 1815, der Nachfolger des Heiligen Römischen Reiches, war auf ähnliche Weise konstruiert, um sicherzustellen, dass Deutschland nicht in einen Bürgerkrieg abglitt und stark genug blieb, um Eindringlinge von außen abzuwehren, aber auch nie so stark wurde, dass es für seine Nachbarn eine Gefahr darstellte.

Dies führte zu einer politischen Kultur in Deutschland, die bis zur Lähmung durch Präzedenzfälle, Rechtsförmigkeit, Gesetze und Verfahren bestimmt wurde. Die Deutschen waren sich ihrer Schwächen wohlbewusst und versuchten vergeblich, sie durch eine langwierige und letztlich wirkungslose «Reichsreformdebatte» zu überwinden.

Im 17. und 18. Jahrhundert hielten sich die Deutschen meist an die Regeln, die anderen aber nicht. Nach einer langen Agonie brach das Heilige Römische Reich unter dem Ansturm des revolutionären Frankreichs und Napoleons zusammen.[22] Später wurde der Deutsche Bund, der den französischen Revanchismus nicht in die Schranken zu verweisen vermochte, von Bismarck und den Nationalliberalen zerstört, denen es 1871 gelang, ein geeintes Deutschland zu schaffen. Dadurch wandelten sich die Deutschen von Objekten des Staatensystems zu Subjekten und wurden zu einer machtvollen Stimme in Europa und der Welt.

Doch die Entstehung einer konsolidierten Macht im Herzen des Kontinents veränderte schließlich bekanntermaßen das gesamte europäische und letztlich auch das globale Kräftegleichgewicht grundlegend. Das zweite Deutsche Reich und das Dritte Reich erwiesen sich nach Henry Kissingers berühmten Worten als «zu groß für Europa und zu klein für die Welt». Das 1871 gegründete Deutsche Reich, ursprünglich ein Bund von Fürstentümern, entwickelte zwar zunehmend zentralistischere Züge, doch fest verwurzelte föderalistische Traditionen und das den Einzelstaaten vorbehaltene Recht der Erhebung direkter Steuern sorgten dafür, dass das Reich in der ersten Hälfte des 20. Jahrhunderts sein politisches Gewicht nicht voll zur Geltung bringen konnte. In dieser Hinsicht unterschied sich das Deutsche Reich deutlich vom Vereinigten Königreich und von Frankreich, die eine geringere Bevölkerung besaßen. Dennoch bedurfte es eines Bündnisses der beiden stärksten Mächte der Welt, um in den beiden Weltkriegen das kaiserliche Deutschland und Hitlers Drittes Reich niederzuringen. Nach jeder dieser Auseinandersetzungen stellte sich die deutsche Frage wieder neu: Wie konnte man das Zentrum Europas auf eine Weise ordnen, dass es stark genug war, um innere und äußere Herausforderungen bewältigen zu können, ohne jedoch zugleich hegemoniale Bestrebungen zu entfalten? Der Friedensvertrag von Versailles scheiterte auf spektakuläre Weise an dieser Aufgabe, vor allem da er als ein Versuch verstanden und bekämpft wurde, die Deutschen wieder in reine Objekte des Staatensystems zurückzuverwandeln.

Als dauerhafter erwies sich die Lösung, die nach dem Zweiten Weltkrieg gefunden wurde. Deutschland wurde territorial aufgeteilt in einen kommunistischen Osten und einen demokratischen Westen und durchlief einen grundlegenden Wesenswandel. Es wurde weithin anerkannt, dass es heute, wie es der Schriftsteller Thomas Mann ausdrückte, keines «deutschen Europas», sondern eines «europäischen Deutschlands» bedürfe. Das Projekt der europäischen Integration zielte daher darauf, Deutschland im Zaum zu halten, indem man ihm strukturell und kulturell die Fähigkeit und die Bereitschaft zu militärischer Aggression nahm. Dies wurde auch als eine Möglichkeit verstanden, das große militärische und wirtschaftliche Potenzial Europas und insbesondere auch Deutschlands für die Sache des Westens zu mobilisieren, der sich der sowjetischen Bedrohung erwehren musste. Auf dieser Grundlage erfolgte die Wiedereingliederung Deutschlands in die westliche Staatengemeinschaft, nicht zuletzt durch den großzügigen Schuldenerlass durch das 1953 unterzeichnete Londoner Schuldenabkommen.

Doch während die Befriedung Europas und die Einhegung Deutschlands einen konstitutionellen Rahmen und eine politische Kultur ähnlich jener des Heiligen Römischen Reiches verlangte, um die vorhandene Macht zu diffundieren, erforderte die Abwehr der Russen eine machtvolle Union, die imstande sein würde, die gewaltigen Kräfte des Kontinents, insbesondere Deutschlands, zu mobilisieren. Auf der einen Seite machte es der zunehmende Aufwand für die Eindämmung Russlands notwendig, dass der Westen mehr für seine Verteidigung tat, entweder kollektiv oder jedes Land einzeln, beispielsweise durch eine Wiederbewaffnung Deutschlands. Auf der anderen Seite war die Europäische Gemeinschaft für Kohle und Stahl (EGKS), die eine gemeinsame Verwaltung der französischen und der deutschen Kohle- und Stahlressourcen ermöglichte, vordergründig eine Form ökonomischer Rationalisierung, in Wirklichkeit aber ein Mittel, um das Kriegsführungspotenzial Deutschlands unter multilaterale Kontrolle zu bringen und dadurch unschädlich zu machen. In ähnlicher Weise war die Anfang der 1950er Jahre gegründete Europäische Verteidigungsgemeinschaft ein Versuch, die militärische Mobilisierungsfähigkeit Deutschlands in eine größere politische Union einzubetten.

Als sich die deutsche Industrie erholte, wuchsen in Paris und in anderen europäischen Ländern die Befürchtungen, dass die mächtige Deutsche Mark, die der Deutschen Bundesbank praktisch die Kontrolle über die europäischen Zinssätze ermöglichte, gewissermaßen zu einer «Atomwaffe» werden könnte. Noch bevor die deutsche Wiedervereinigung auf die politische Agenda kam, warnte der französische Staatspräsident François Mitterrand, dass «wir ohne eine gemeinsame Währung ... dem Willen der Deutschen unterworfen sind».[23]

Als im November 1989 die Berliner Mauer fiel, gewann der Prozess der Einführung einer Währungsunion neue Dringlichkeit und wurde Anfang der 1990er Jahre einmütig in Angriff genommen. Frankreich jubelte, als die Deutsche Mark abgeschafft wurde, wobei einige Kommentatoren diese Entscheidung, ironischerweise ähnlich wie später auch Varoufakis, als ein «neues Versailles» priesen. «Deutschland wird zahlen», frohlockten sie und griffen damit eine andere Parole aus dem Jahr 1919 auf. Nach der Einführung des Euro und dem damit einhergehenden verminderten Bewusstsein für die Risiken einer Staatsverschuldung begann eine Flut billigen Geldes den europäischen Kontinent, insbesondere dessen südliche und westliche Peripherie, zu überschwemmen. Der Kontinent boomte, wenngleich Deutschland – das erst noch die Kosten der Angliederung der ehemaligen DDR zu bewältigen hatte – in den ersten eineinhalb Jahrzehnten nach der Wiedervereinigung mit wirtschaftlichen Schwierigkeiten zu kämpfen hatte.

Die Deutschen akzeptierten diese Entwicklung unter drei Bedingungen. Erstens als Preis, der für die Beendigung der staatlichen Teilung zu zahlen war. Zweitens als Voraussetzung für eine wesentlich breitere und tiefere politische Integration Europas, die Bundeskanzler Helmut Kohl zu erreichen hoffte. Drittens unter der Maßgabe, dass es keine Verpflichtung zur Rettung anderer Mitglieder der Währungsunion geben würde, die sich alle an die strengen «Regeln» bezüglich der Haushaltsdefizite und anderer wirtschaftlicher Kriterien halten würden. Finanzminister Theo Waigel versicherte den Deutschen, dass «wir die D-Mark nach Europa bringen».[24] Ordoliberale glaubten, dass die neue Europäische Zentralbank gewissermaßen eine Mega-Bundesbank sein würde, politischen Einflussnahmen entzogen und dem Ziel der Inflationsbekämpfung verpflichtet. Doch wie sich zeigen sollte, wurde die Währungsunion nicht durch eine vollständige politische Union begleitet; die EU behielt ihre konföderative politische Struktur bei. Die Franzosen glaubten, dass sie die wirtschaftliche Bedrohung durch Deutschland neutralisiert hätten bei gleichzeitiger Wahrung ihrer politischen Souveränität und ihrer militärischen Autonomie. Die Briten, die wussten, dass eine Währungsunion das Ende der nationalen Souveränität bedeutete, und fürchteten, dass eine verstärkte europäische Integration Deutschland eher stärken als einschränken würde, blieben außerhalb des Euroraums.

Dieser politische Übergangszustand entsprach nicht den eigentlichen Vorstellungen und Absichten von Bundeskanzler Helmut Kohl, doch seine Landsleute konnten damit recht gut leben. Sie brachten einen großen Teil ihrer vormodernen politischen Kultur in die EU ein, insbesondere eine Neigung zur Verrechtlichung politischer Auseinandersetzungen, zu endlosen Debatten und zu juristischen Verfahren, so dass die EU zunehmend dem Heiligen Römischen Reich zu ähneln begann. Der französische Innenminister und zeitweilige Verteidigungsminister Jean-Pierre Chevènement warf den Deutschen sogar vor, sie versuchten die Kompetenzen der Nationalstaaten zu schmälern und dadurch die Barrieren abzubauen, die einer Vormachtstellung Deutschlands entgegenstanden, indem sie das Heilige Römische Reich als Modell für die konstitutionelle Entwicklung Europas heranzogen. Damit hatte er nur zum Teil recht, nämlich in dem Sinne, dass ein Großteil der Autorität, welche die Mitgliedsstaaten auf den entscheidenden Gebieten der Steuer-, Außen- und Verteidigungspolitik einbüßten, nicht aufgrund von Forderungen anderer verloren ging, sondern von selbst verschwand. Wie das einstige Heilige Römische Reich beruhte auch die Europäische Union mehr auf der Diffusion, denn der Konzentration von Macht.

Dies bereitete den Deutschen keine großen Probleme, insbesondere nach dem Zusammenbruch des Kommunismus, denn durch die Ausweitung der EU und der NATO veränderte sich Deutschlands geopolitische Position grundlegend. So bemerkte Hans-Friedrich von Ploetz, Staatssekretär im Auswärtigen Amt, im Jahr 1997: «Erstmals in seiner Existenz ist Deutschland nicht mehr von Feinden umgeben, sondern von Verbündeten, die uns nicht mehr als Bedrohung ansehen.»[25] Die unbeabsichtigte Folge war, dass das Interesse Deutschlands an Sicherheitsfragen, vor allem am Problem der Macht Russlands, zu schwinden begann. Anstatt zu versuchen, nach 1989 sein politisches Gewicht in Europa auch militärisch zum Tragen zu bringen, wie viele vorhergesagt hatten,[26] weigerte sich Deutschland, sich am ersten Golfkrieg zu beteiligen, und unterstützte den später folgenden Jugoslawien-Krieg und den «Krieg gegen den Terrorismus» nur im Rahmen eines festen multilateralen Gefüges.[27] Die deutsche Frage war anscheinend durch Deutschlands Integration in den Westen gelöst worden.[28]

In verhaltensbezogener Hinsicht traf dies zweifellos zu. Die Deutschen hatten sich tatsächlich verändert, Europa allerdings nicht oder nicht genügend. Zum einen erholte sich die deutsche Wirtschaft: Es kam der Begriff vom «Modell Deutschland» auf.[29] Zum anderen platzte die Blase, die durch die Währungsunion in der westlichen und südlichen Peripherie der EU verursacht worden war, und Europa musste feststellen, dass es nicht über die erforderlichen Instrumente verfügte, um auf übernationaler Ebene diese Krise zu bewältigen. Die konföderative Struktur der Währungsunion begünstigte deren größtes Mitglied. Als größte und gesündeste Volkswirtschaft war Deutschland nicht nur gut gerüstet, um dem Sturm standzuhalten, sondern bestimmte auch zunehmend die paneuropäische Reaktion auf die Krise. Es sträubte sich zunächst, der Europäischen Zentralbank zu erlauben, mit dem Aufkauf von Staatsanleihen zu beginnen, was von den bankrotten Staaten der europäischen Peripherie dringlich ersehnt wurde, und verordnete ihnen stattdessen eine wenig schmackhafte Diät fiskalpolitischer «Regeln». Aufgrund des Fehlens einer vollendeten politischen Union hätte jeder größere Schuldenerlass oder eine beabsichtigte Inflation zwangsläufig auf Kosten der fiskalisch solide und vorausschauend agierenden Mitglieder gehen müssen und die Nutznießer solcher Maßnahmen nur ermutigt, sich aufs Neue zu verschulden.

Dann begann auch die europäische Sicherheitsblase zu platzen. Im Jahr 2007 startete Russland einen Cyber-Angriff auf Estland. Polen und die baltischen Staaten waren tief besorgt, als Berlin 2008 sein Veto gegen eine Aufnahme der Ukraine in die NATO einlegte, was bedeutete, dass in dieser Region ein Sicherheitsvakuum bestehen bleiben und sie russischen Ambitionen schutzlos ausgesetzt sein würden. Ihre Besorgnis wuchs, als Bundeskanzlerin Angela Merkel jegliche Vergeltungsmaßnahmen ablehnte, nachdem der sich ermutigt fühlende Kreml kurze Zeit später in Georgien einmarschierte und anschließend das umstrittene Gebiet durch die Ausgabe russischer Pässe an dessen Einwohner faktisch annektierte. In der Libyenkrise im Jahr 2011 waren Großbritannien, Frankreich und die südeuropäischen Länder verstimmt über Deutschlands Weigerung, sich an der NATO-Intervention zu beteiligen, die Muammar al-Ghaddafi daran hindern sollte, die Bevölkerung seines Landes zu massakrieren. Allmählich entwickelte sich ein bestimmtes Muster. Im März 2014 warf die russische Aggression in der Ukraine die Frage auf, inwieweit die Deutschen überhaupt über ihren zentraleuropäischen Tellerrand hinauszuschauen vermochten. Sie hatten es sich dort so behaglich eingerichtet und waren so sehr auf gute Beziehungen zu Moskau fokussiert, um die Energieversorgung nicht zu gefährden, dass sie das geopolitische Wohl von Gesamteuropa zunächst nicht mehr sonderlich zu interessieren schien. Doch ihre Zurückhaltung war nicht selbstsüchtiger als beispielsweise jene der noch weiter entfernten Spanier und Italiener, und sie wurde durch die ineffiziente Konstruktion der EU nicht nur ermöglicht, sondern auch erleichtert, die das gewaltige ökonomische und militärische Potenzial des Kontinents vergeudet hat, anstatt es auf den gemeinsamen Gegner auszurichten.

Im Sommer 2015 tauchte die deutsche Frage in neuartiger Gestalt auf, als es darum ging, wie man die Flüchtlingsströme bewältigen sollte, die durch den fortdauernden Krieg in Syrien ausgelöst wurden. Durch ihre enorme wirtschaftliche Anziehungskraft wurde die Bundesrepublik Deutschland zum bevorzugten Ziel für Migranten, die mehrere andere Länder durchqueren mussten, um auf dem Landweg nach Deutschland zu gelangen. Weil durch das Schengener Abkommen praktisch unbeschränkte Reisefreiheit zwischen den teilnehmenden Staaten hergestellt wird, hatte Deutschland an der Außengrenze des Schengen-Raums gelegene Länder wie Ungarn lange Zeit zur Aufrechterhaltung strenger Grenzkontrollen gedrängt. Doch als die Flüchtlingskrise eskalierte, verkündete die deutsche Bundeskanzlerin plötzlich «Wir schaffen das», womit die Aufnahme weiterer Syrien-Flüchtlinge gemeint war, und verlangte von den übrigen EU-Staaten, nicht völlig unverständlicherweise, ihre Anstrengungen ebenfalls zu verstärken. Dies führte zu Chaos und gegenseitigen Beschuldigungen und zeigte die Absurdität der Grenzpolitik der Union auf, ließ aber auch erkennbar werden, wie Deutschland allein durch seine Größe und seine Wirtschaftskraft das gesamte System destabilisierte. Wenn Deutschland arm wäre, würde es nicht so viele Flüchtlinge anziehen, und wenn es reich wäre, aber an der EU-Peripherie liegen würde, könnten die Immigranten direkt in das Land einreisen, weil es aber reich ist, in der Mitte Europas liegt und mächtig ist, beeinflusst sein Umgang mit diesem Problem eine ganze Reihe von dazwischenliegenden Staaten (und potenziell den gesamten Schengen-Raum). All dies zeigt, dass es nicht in erster Linie darum geht, was Deutschland tut, sondern was Deutschland ist.

Kurz gesagt, für das gegenwärtige Schlamassel ist nicht Deutschland verantwortlich, sondern das deutsche Problem, und das ist ein Unterschied. Die europäische Integration sollte gleichermaßen dazu dienen, Deutschland einzuhegen und zu mobilisieren. Ihr Kernstück ist bislang der Euro, doch die fehlende Bereitschaft der übrigen europäischen Länder, eine vollendete politische Union zu schaffen, bedeutete, dass die EU der Staatsschuldenkrise und der russischen Herausforderung ohne den für eine Beendigung der Krise erforderlichen politisch-administrativen Apparat entgegentreten musste.

Vielmehr hat das europäische Projekt in seiner gegenwärtigen Konstruktion, insbesondere die Währungsunion, die ursprünglich dazu dienen sollte, die Macht Deutschlands einzugrenzen, sie tatsächlich verstärkt, wovor etwa die britischen Euroskeptiker immer gewarnt haben. Deutschland trägt daran nicht mehr Schuld als alle anderen Mitglieder der Eurozone. Wenn wir uns heute mit einer «neuen deutschen Frage» beschäftigen müssen,[30] hat dies zum großen Teil mit der besonderen Größe und der Lage des Landes zu tun und nicht damit, dass es sich besonders schlimm verhalten hätte.

Zweifellos führen Kritiker die gegenwärtige europäische Malaise zum großen Teil auf das imperiale deutsche Erbe zurück, doch das Reich, um das es hierbei geht, ist nicht jenes von Kaiser Wilhelm oder von Hitler, sondern das Heilige Römische Reich Deutscher Nation, dessen Stärken und Schwächen in der heutigen Europäischen Union weiterleben. Anstatt die gemeinsame Währung in einem gemeinsamen Parlament und einem starken Staat zu verankern, der zu einer effizienten Besteuerung in der Lage ist, wie etwa in Großbritannien und den USA, versucht Berlin, die Union dadurch zu führen, dass die übrigen Mitglieder zur Anerkennung der deutschen «Regeln» und der deutschen politischen Kultur veranlasst werden. Anstatt einer einheitlichen Außenpolitik und eines schlagkräftigen Militärs, das imstande ist, Aggressoren abzuschrecken, haben wir ein fortwährendes Palaver, das an die Unschlüssigkeit des Heiligen Römischen Reiches im Angesicht der türkischen oder der französischen Bedrohung erinnert.

Was die künftige Entwicklung betrifft, gibt es vier Möglichkeiten. Die erste und kurzfristig wahrscheinlichste besteht darin, dass es wie gewohnt weitergeht, dass Deutschland die «Regeln» der Eurozone bestimmt und die anderen Mitglieder sich fügen. Selbst im bestmöglichen Fall wird dieses Szenarium zu einer langsamen Strangulierung von Staaten wie Griechenland führen, denen die Kraft fehlt, die Reformen durchzuführen, die von ihnen verlangt werden, um wieder wettbewerbsfähig zu werden, oder die es nicht schaffen, von diesen Reformen zu profitieren. Die Eurozone wird weiter von einer Krise zur nächsten stolpern. Insofern dieser Prozess von den jeweiligen nationalen Regierungen unterstützt wird, besitzt er eine gewisse demokratische Legitimität, wirft jedoch die Frage auf, inwieweit auch die Wähler mitverantwortlich dafür sind, dass die europäische Schuldenkrise ungelöst bleibt.

Dies bedeutet, dass auch die zweite Möglichkeit, ein katastrophaler Vertrauensverlust des Euro auf den internationalen Märkten, eine akute Gefahr bleibt. Die Märkte mögen zwar an die Gemeinschaftswährung glauben und haben auch durchaus Respekt vor dem deutschen Finanzminister Schäuble, doch ein hartnäckiges Gespür für Rationalität und eine gehörige Portion Skepsis veranlasst sie zur Vorsicht. Sie wissen, dass der Euro in seiner gegenwärtigen Konstruktion den Gesetzen der politischen und der wirtschaftlichen Schwerkraft widerspricht und dass er letztlich scheitern wird. Sie werden nicht Ruhe geben – und sie können auch nicht Ruhe geben –, bevor es nicht eine glaubwürdige Regierung gibt, die die Verantwortung übernimmt für die gesamten

Staatsschulden der Eurozone, indem sie eine föderative politische Union schafft.

Die dritte Möglichkeit, nämlich ein Ausstieg Deutschlands aus dem Euro, der eine lockerere Geldpolitik der EZB ermöglicht, oder die Schaffung einer kleineren «Kernzone» mit Deutschland, mag vielleicht das wirtschaftliche Problem lösen, würde jedoch den politischen Zweck des Unternehmens vollständig zunichtemachen, der in der Einhegung Deutschlands im Rahmen einer größeren Einheit bestand. Dies, und nicht irgendeine Art von Solidarität zwischen den fiskalisch weniger disziplinierten Ländern, steht hinter der Entschlossenheit Frankreichs, Griechenland und alle anderen Krisenstaaten in der Eurozone zu halten. Das ist auch der Hintergrund für die jüngste Forderung des französischen Staatspräsidenten Hollande, der die Einrichtung eines Parlaments der Eurozone verlangte, das über Haushaltsbefugnisse verfügt. Und damit sind wir schließlich bei der vierten und auch der einzig glaubwürdigen Option, nämlich der Schaffung einer vollendeten politischen Union, in der eine gemeinsame Schuldenpolitik und eine gemeinsame Außenpolitik von einer gemeinsamen parlamentarischen Vertretung verantwortet werden. Das kann aber nur funktionieren, wenn Hollande seinen Vorschlag zu dessen logischem Ende führt, das in der Übertragung hoheitlicher Befugnisse von den nationalen Parlamenten auf eine europäische Volksvertretung besteht. Dies erfordert, dass die Franzosen ihre immer wieder gern geübte Praxis aufgeben, darauf zu beharren, dass es europäische Regelungen für Deutschland geben soll, aber französische für Frankreich.

Welche Lösung oder Regelung sich auch durchsetzen mag, jede wird Deutschland erlauben müssen, weiter als

Subjekt des europäischen Systems zu agieren, ohne dass dadurch die meisten anderen Völker des Kontinents zu Objekten gemacht werden. Sie wird auch die alte Spannung zwischen Einhegung und Mobilisierung auflösen müssen. Sie wird ein «Versailles» sowohl für Deutschland wie auch für alle anderen vermeiden müssen. Sie wird darüber hinaus die kollektiven Energien Europas bündeln müssen, auch jene von Deutschland, um die gewaltigen Herausforderungen zu meistern, die durch das Erstarken Russlands entstehen, und den relativen Niedergang Amerikas auszugleichen. Sie wird daher die Lücke schließen müssen zwischen der politisch-militärischen und der sozioökonomischen Integration Europas. Sie muss ein für alle Mal die deutsche und die europäische Frage lösen, und zwar mit einem Schlag, denn eine Lösung für die eine Frage ist zugleich auch eine Lösung für die andere.

3. Das europäische Problem

Die europäische Geschichte hat zwei Arten von staatlichen Unionen hervorgebracht.[31] Die erste Form, wie beispielsweise die Union aus Polen und Litauen oder das Heilige Römische Reich Deutscher Nation, waren schwache politische Gebilde, zum Teil weil sie durch innere Konflikte gelähmt wurden oder auch weil sich ständig auswärtige Mächte in ihre Angelegenheiten einmischten. Polens Nachbarländer Russland, Österreich und Preußen untergruben im 18. Jahrhundert durch ihre wiederholten Interventionen die Souveränität des Staates und nutzten die Zersplitterung des Parlaments aus, in dem durch ein so genanntes *liberum veto,* das Einspruchsrecht jedes einzelnen Abgeordneten, Entscheidungen blockiert werden konnten. Dadurch wurde der Staat hilflos gegenüber inneren Machtgruppen und äußeren Feinden. Im Heiligen Römischen Reich wurden, wie wir gesehen haben, Frankreich und Schweden durch den Westfälischen Frieden von 1648 als Garantiemächte eingesetzt und besaßen das Recht, in die deutsche Politik einzugreifen; im 18. Jahrhundert wurde auch Russland in den Kreis der Garantiemächte aufgenommen. In beiden Fällen waren die Großmächte bemüht, ihre Rivalen daran zu hindern, einen entscheidenden Vorteil zu erlangen. Zugleich sorgten sie dafür, dass die gegnerischen Staaten keinen ausreichend starken inneren Zusammenhalt entwickeln konnten, um für sie zu einer Bedrohung heranzuwachsen. Der 1815 gegründete Deutsche Bund, der Nachfolger des Heiligen Römischen Reiches, war, wie wir gesehen haben, ganz ähnlich konstruiert, um sicherzustellen, dass Deutschland nicht in einen Bürgerkrieg abglitt und stark genug blieb, um Angreifer zurückzuschlagen, aber nie so stark wurde, dass es für seine Nachbarn eine Gefahr darstellen konnte. Alle diese politischen Gebilde fanden ein unrühmliches Ende: Polen wurde Ende des 18. Jahrhunderts geteilt, das Heilige Römische Reich brach Anfang des 19. Jahrhunderts unter dem Ansturm des revolutionären Frankreichs zusammen, und der Deutsche Bund wurde schließlich von Bismarck zerstört, der ein geeintes Deutsches Reich schaffen wollte.

An der westlichen Peripherie Europas dagegen verlief die Entwicklung anders. Dort entstand Anfang des 18. Jahrhunderts eine alternative und wesentlich funktionsfähigere zweite Form einer staatlichen Union. Damals kamen die Schotten und die Engländer überein, die Jahrhunderte während militärische, diplomatische und wirtschaftliche Rivalität der beiden Länder zu beenden und sich zusammenzuschließen. Die Schottisch-Englische Union verfolgte zwei Ziele: Zum einen sollten die langwierigen Konflikte zwischen den beiden Staaten beigelegt werden, die Englands Gegnern immer wieder eine Möglichkeit eröffnet hatten, von Norden her Druck auf das Land auszuüben. Zum anderen sollten die Kräfte der beiden Länder gebündelt werden, um sie wirkungsvoller gegen äußere Mächte einsetzen zu können. Diese Überlegungen gewannen vor allem während des Spanischen Erbfolgekrieges gegen die französischen Bourbonen verstärkt an Bedeutung. Die politischen Eliten auf beiden Seiten der Grenze verständigten sich darauf, dass ungeachtet ihrer politischen Differenzen die Zurückdrängung von Ludwig XIV. vorrangig sei.[32] So wurde 1707 von beiden Parlamenten der Act of Union, das Vereinigungsgesetz, verabschiedet, durch das Schottland eine großzügige Repräsentation im Parlament von Westminster erhielt, sein Rechts- und sein Schulsystem beibehalten durfte, aber auf eine eigene Außen- und Sicherheitspolitik verzichtete. Und so, wie die Union geschaffen wurde, um den Krieg fortführen zu können, so formte der Krieg die Union. Der gemeinsame Kampf gegen den Papismus und die Universalmonarchie schweißte die beiden Hälften wirkungsvoller zusammen, als Bestechungsgelder, Einschüchterung oder schnöde wirtschaftliche Vorteile es jemals vermocht hätten.[33] So wurde Großbritannien geboren und mit ihm eine Art von politischer Einheit, die sich seit jeher besser durchzusetzen verstand, als es ihrem demographischen und wirtschaftlichen Gewicht entsprach.

Ein ähnlicher Prozess führte Ende des 18. Jahrhunderts zur Entstehung der Amerikanischen Union. Die dreizehn ehemaligen Kolonien waren aus dem Unabhängigkeitskrieg gegen Großbritannien mit hohen Schulden hervorgegangen. Doch das war nur eines der Probleme, mit denen sie zu kämpfen hatten. Nach der Erlangung ihrer Unabhängigkeit fanden sich die dreizehn Staaten plötzlich in einer gefährlichen Welt wieder. Durch den Abzug der schützenden britischen Marine waren die amerikanischen Handelsschiffe sofort den Angriffen der Seeräuber ausgesetzt, die von Nordafrika aus operierten. Auch aus ihrer unmittelbaren Nachbarschaft erwuchsen Gefahren für die junge Republik. Spanien hatte 1784 den Mississippi für die Schifffahrt gesperrt und bildete im Süden, in Florida, eine ständige Bedrohung. Großbritannien behauptete sich in Kanada und blieb dem neuen Gemeinwesen feindlich gesinnt. Das konstitutionelle Regelwerk, das aus dem Revolutionskrieg überkommen war,

erwies sich als völlig ungeeignet, um die Herausforderungen der 1780er Jahre zu bewältigen. Es gab keine echte
Exekutive, der Kongress verfügte nicht über das Recht
der Steuererhebung, um die nationalen Projekte finanzie-
ren zu können, und sämtliche internationalen Verträge
mussten von jedem Mitgliedsstaat einzeln ratifiziert werden, damit sie in Kraft treten konnten. Daher besaßen die
Vereinigten Staaten von Amerika auch keine nennenswerte Armee und Marine, denn die Einzelstaaten konnten sich nicht darüber verständigen, wer sie bezahlen
sollte, und fürchteten, diese Streitkräfte könnten dazu be-
nutzt werden, ihre Freiheiten zu untergraben. Die Bande,
welche die Konföderation zusammenhielten, waren so
locker, dass viele Amerikaner die Sorge hatten, dass die
Vereinigten Staaten bald wieder in ihre Bestandteile zerfallen oder vielleicht im Bürgerkrieg versinken würden.
   Aus diesem Grund versammelten sich 1787 Vertreter
der dreizehn ehemaligen Kolonien in Philadelphia, um
eine gemeinsame Verfassung auszuarbeiten. Dabei stellte
sich ihnen jedoch sogleich die Frage, welchem europäischen Unionsmodell sie folgen sollten. Die Gründerväter
James Madison und Alexander Hamilton untersuchten
das «föderative System» des «germanischen Reiches» und
stellten fest, dass es sich dabei um einen «nervenlosen
Körper» handele, «der unfähig ist, seine Mitglieder zu
lenken, unsicher in der Bewältigung äußerer Bedrohungen und aufgewühlt durch unablässige Gärungen in seinen
Innereien». Des Weiteren schrieben sie: «Militärischen
Vorbereitungen gehen so viele ermüdende Diskussionen
voraus, die aus Eifersüchteleien, Stolz, Einzelmeinungen
und unvereinbaren Ansichten von souveränen Körper-
schaften bestehen, dass der Feind schon auf dem Felde erscheint, bevor die Abgeordnetenversammlung einen Be-

schluss zu fassen vermag.» Selbst wenn die zahlreichen Hindernisse, die einer Union im Wege stehen, beseitigt werden könnten, glaubten Madison und Hamilton, dass keine der «benachbarten Mächte eine Revolution dulden würde, die dem Reich jene Kraft und Bedeutung verleihen würde, die ihm zusteht». Auch Polen, so urteilten sie, sei «gleichermaßen unfähig zur Selbstregierung und Selbstverteidigung [und] ist seit langem auf das Wohlwollen seiner mächtigen Nachbarn angewiesen, die ihm in jüngster Zeit gnädigerweise ein Drittel seiner Bevölkerung und seines Staatsgebiets abzunehmen bereit waren».[34] Von allen europäischen Vorbildern konnte allein die Anglo-Schottische Union von 1707 vor den Augen der Föderalisten bestehen, in der sich die beiden Parteien, die einst so tief verfeindet waren, zusammengeschlossen hatten, «um all [ihren] Feinden zu widerstehen». John Jay, ein weiterer Gründervater, betrachtete diese Form einer «vollständigen und vollkommenen Union», womit er einen Ausdruck aus einem Schreiben von Königin Anne an das schottische Parlament im Juli 1706 aufgriff, als den einzigen Weg zur Schaffung einer Amerikanischen Republik.[35]

Die Verfassung, die in Philadelphia in den Jahren 1787/88 ausgearbeitet wurde, zeigte, dass die Amerikaner aus den Erfahrungen der Briten, der Deutschen und der Polen gelernt hatten. Wie die Schotten und die Engländer ließen sie sich von der Absicht leiten, wie es in der Präambel heißt, «unseren Bund zu vervollkommnen». Es wurde eine starke Exekutive geschaffen in Gestalt eines Präsidenten, der für die Führung der Außenpolitik zuständig ist und Verträge abschließen kann, die jedoch von den beiden Häusern des Kongresses ratifiziert werden müssen. Dieser besteht aus dem Senat, der die Einzelstaaten repräsentiert, und dem Repräsentantenhaus. Eingedenk der Vorgänge in Polen wurde ein Wahlmännerkollegium geschaffen, das heimische Intrigen und ausländische Bestechungsversuche erschwert. Kurzum, die Amerikaner gaben sich eine innere Verfassung, die den äußeren Bedürfnissen des Staates entsprach und sicherstellte, dass die Energien und die Kräfte des Landes für das gemeinsame Ganze mobilisiert und nicht vergeudet oder fehlgeleitet wurden in Form von Bürgerkriegen.

Am 12. Dezember 1791 wurde in Philadelphia eine Nationalbank gegründet. Gegen den hartnäckigen Widerstand von Thomas Jefferson war es Alexander Hamilton gelungen, George Washington davon zu überzeugen, dass eine Nationalbank die wirtschaftliche Entwicklung des Landes begünstigen und fördern könne. Auf Beschluss des Kongresses mit einem Grundkapital von 10 Millionen Dollar und mit der Befugnis ausgestattet, staatenübergreifend zu agieren, schuf die Bank die Voraussetzungen für die Herausgabe amerikanischer Staatsanleihen und ermöglichte dem entstehenden US-amerikanischen Finanzwesen den Zugang zu Krediten.[36] Diese Bank wandelte die amerikanischen Kriegsanleihen in Bankaktien um. Indem sie der Regierung einen unbegrenzten Kreditrahmen einräumte, gab sie Investoren aus allen Teilen der Welt die Sicherheit, dass die Vereinigten Staaten von Amerika stets ihren Zahlungsverpflichtungen nachkommen würden. Zwar wurde diese erste amerikanische Nationalbank geschlossen, nachdem die Föderalisten die Macht verloren hatten, doch Hamiltons Bankenmodell und seine geldpolitischen Vorstellungen überlebten. Nach Jahrzehnten vielfältiger Versuche und Irrtümer, während denen Nationalbanken abgeschafft und wieder eingerichtet wurden, meist nach größeren Finanzkrisen, wurde schließlich durch den Federal Reserve

Act von 1913 ein Zentralbank-System geschaffen, das bis heute die amerikanische und darüber hinaus auch die globale Geldpolitik bestimmt.

Zu den großen Errungenschaften von Hamiltons Bankenkonzept gehört es, dass es diesem System gelang, die Dynamik von Schulden, Zinsen und Staatsausgaben als Mittel zur Integration nutzbar zu machen. Im Gegensatz zur heutigen Eurozone, die wegen ebendieser Probleme zu zerfallen droht, wurden die Teilstaaten der USA nicht ständig in eine Situation gebracht, in der sie sich in erster Linie als Gläubiger oder als Schuldner gegenüberstanden. Darüber hinaus beweist die amerikanische Erfahrung, dass die aus einer hohen, jedoch handhabbaren Staatsverschuldung entstehenden gegenseitigen Abhängigkeiten positive Auswirkungen auf den globalen Einfluss einer staatlichen Union entfalten und auch ein stabilisierender Faktor für die heimische Wirtschaft sein können – jedenfalls solange die Verschuldung in derselben Währung denominiert ist, die von der Zentralbank herausgegeben wird.[37]

All dies benötigte Zeit, um sich zu verankern, und die Umwälzungen des 19. Jahrhunderts zeigten, dass es keine Erfolgsgarantie gab. Doch die Grundlagen waren in den wenigen entscheidenden Jahren Ende des 18. Jahrhunderts gelegt worden. Der Rest ist Geschichte, wie man gern sagt. Die Vereinigten Staaten von Amerika wuchsen schließlich zum mächtigsten Land der Welt heran.

Das Projekt der europäischen Integration nach 1945 weist viele Ähnlichkeiten mit diesen historischen Beispielen auf, aber auch viele Unterschiede. Es sollte auf der einen Seite verhindern, dass die Europäer – insbesondere die Länder West- und Mitteleuropas – jemals wieder gegeneinander in den Krieg zogen. Wie wir im vorhergehenden Kapitel gesehen haben, war damit auch beabsichtigt, Deutschland einzuhegen, indem man dem Land die strukturellen Fähigkeiten zur Kriegsführung nahm. Und schließlich sollte es dazu dienen, das gewaltige militärische und wirtschaftliche Potenzial Europas für den Kampf des Westens gegen die sowjetische Bedrohung zu mobilisieren. Kurz gesagt, die politische Integration Europas sollte nicht nur die Funktionen des Heiligen Römischen Reiches und des Deutschen Bundes erfüllen, sondern auch jene der anglo-schottischen und der amerikanischen Union. Doch während die Befriedung Europas und die Einhegung Deutschlands einen konstitutionellen Rahmen und eine politische Kultur ähnlich jener des einstigen Heiligen Römischen Reiches erforderte, verlangte die Eindämmung der Sowjetunion eine machtvolle Union vergleichbar jener, welche die Briten und die Amerikaner geschaffen hatten. Durch den Korea-Krieg und die wachsende Belastung durch die Eindämmung der Sowjetunion wurde es unumgänglich, dass die Westeuropäer ihre Verteidigungsanstrengungen erhöhten, sowohl insgesamt als auch die einzelnen Länder für sich, vor allem durch eine Wiederbewaffnung Deutschlands.

Dieser Widerspruch kam in den 1950er Jahren deutlich zum Vorschein. Zu Beginn dieses Jahrzehnts schlug der französische Außenminister Robert Schuman eine gemeinsame Verwaltung der deutschen Kohle- und Stahlressourcen vor. Vordergründig eine Form ökonomischer Rationalisierung, sollte dieser Plan in Wirklichkeit dazu dienen, das Kriegsführungspotenzial Deutschlands unter multilaterale Kontrolle zu bringen. Die von Konrad Adenauer geführte westdeutsche Regierung unterstützte den Schuman-Plan, weil sie ihn zum einen als einen Weg betrachtete, der Deutschland die Rückkehr in den Kreis der politisch bedeutenden Mächte ermöglichte, zum anderen auch aus der echten Überzeugung, dass Europa ein gemeinsames Schicksal habe. Schließlich wurde 1951 die Europäische Gemeinschaft für Kohle und Stahl (EGKS) ins Leben gerufen, der erste wichtige Schritt in Richtung einer politischen Einigung. Diese Maßnahme half, Deutschland zu zähmen, war aber nur wenig hilfreich in der Auseinandersetzung mit Stalin.

Ende Oktober 1950 schlug der französische Ministerpräsident René Pleven als Reaktion auf das amerikanische Drängen nach einer Wiederbewaffnung Deutschlands die Bildung einer Europäischen Verteidigungsgemeinschaft (EVG) vor, die eine vollständige Verschmelzung der Truppen und der Ausrüstung [auch derjenigen der Deutschen] unter einer einheitlichen europäischen politischen und militärischen Führung bewirken sollte. Im März 1953 einigten sich die Signatarmächte der EVG auf einen Vertragsentwurf über den Aufbau einer entsprechenden supranationalen politischen Organisation – der Europäischen Politischen Gemeinschaft (EPG) –, welche die Verteidigungsgemeinschaft und die EGKS leiten sollte. Diese EPG sollte nicht nur einen Europäischen Exekutivrat umfassen, der aus den Regierungschefs der Mitgliedsstaaten bestehen sollte, sondern auch einen Gerichtshof und einen Wirtschafts- und Sozialrat sowie ein aus zwei Kammern bestehendes Parlament. Die erste Kammer, die Völkerkammer, sollte aus direkt gewählten Abgeordneten der in der Gemeinschaft vereinten Völker bestehen. Die zweite Kammer, der Senat, sollte die Völker jedes Staates repräsentieren. Die Parallelen zum amerikanischen Senat und zum Repräsentantenhaus sind offenkundig. Ähnlich wie in den Vereinigten Staaten, nachdem dort 1787 eine militärische Union beschlossen worden war, schien auch in Europa eine föderale politische Union nicht mehr weit entfernt zu sein.[38] Doch nachdem dieser Vertrag 1954 von der französischen Nationalversammlung abgelehnt worden war, blieb die europäische Integration zunächst auf wirtschaftliche, kulturelle und politische Angelegenheiten beschränkt, wie es in den Römischen Verträgen von 1957 zum Ausdruck kam, die zur Errichtung der Europäischen Wirtschaftsgemeinschaft (EWG) führten. Die verteidigungspolitische Integration blieb der NATO vorbehalten. Diese Diskrepanz sollte sich als ein großes Hindernis für eine vollständige politische Integration erweisen, wenngleich in den folgenden drei Jahrzehnten mehrere Versuche einer Wiederbelebung dieses Prozesses unternommen wurden. Anders als für die Briten und die Amerikaner zum Zeitpunkt der Bildung ihrer Unionen war Europa für die Europäer nicht länger eine Frage von Leben oder Tod.

Doch das Ende des Kalten Krieges 1989/90 verlieh dem Projekt der europäischen Integration wieder neue Dynamik. Einerseits gab es nun keine sowjetische Bedrohung mehr, weshalb es nicht mehr vordringlich erschien, Europa gegen einen äußeren Feind zu mobilisieren. Andererseits wuchs durch den Fall der Berliner Mauer das relative politische und wirtschaftliche Gewicht Deutschlands. Nach einem vergeblichen Versuch, sie zu sabotieren, billigte Frankreich schließlich die deutsche Wiedervereinigung im Austausch für das unumstößliche Bekenntnis Deutschlands zu einer vertieften politischen und wirtschaftlichen Integration. Im Jahr 1992 wurde durch den europäischen Gipfel in Maastricht die «Europäische Union» errichtet, deren Kern eine Währungsunion bilden sollte (die schließlich in den Euro mündete) sowie eine neue «Gemeinsame Außen- und Sicherheitspolitik». Bundeskanzler Helmut Kohl und die deutsche politische Elite billigten die Aufgabe der Deutschen Mark, denn sie betrachteten die Wiedervereinigung Deutschlands schlicht als einen weiteren Schritt zu einer vertieften Integration des europäischen Kontinents insgesamt. Ein von der CDU entwickelter und 1994 vorgelegter Plan für ein stärker politisch integriertes «Kerneuropa» wurde nicht weiterverfolgt, als er bei den europäischen Partnern auf wenig Begeisterung stieß. In der Folge ließ sich der Kontinent auf das radikale Experiment einer gemeinsamen Währung ohne eine entsprechende politische Union ein.

Die Unzulänglichkeiten dieses neuen Europas und des neuen Deutschlands wurden durch die Krisen am Persischen Golf und auf dem Balkan zu Beginn der 1990er Jahre auf schmerzhafte Weise bloßgelegt. Nach dem Einmarsch Saddam Husseins in Kuwait sah sich das neue Deutschland außerstande, sich an der internationalen Koalition gegen ihn zu beteiligen, und Europa war nicht in der Lage, mit einer gemeinsamen Stimme zu sprechen. Der Zusammenbruch Jugoslawiens kurze Zeit später stürzte schließlich Europa für drei Jahre in vollkommene Verwirrung.[39] Anstatt geschlossen gegen die «ethnischen Säuberungen» der Serben vorzugehen, zerstritten sich die europäischen Mächte. Statt zur «Stunde Europas» zu werden, wie es der luxemburgische Außenminister verkündet hatte, wurde der Jugoslawien-Krieg zu einem Anschauungsbeispiel für europäisches Scheitern, das im Massaker von Srebenica im Juli 1995 gipfelte.[40] Am Ende musste Europa durch eine von den USA angeführte NATO-Intervention gerettet werden. Vier Jahre später zeigten die Europäer zwar diplomatische Führungsstärke, als der serbische Präsident Slobodan Milošević im Kosovo ethnische Säuberungen durchzuführen versuchte, aber auch diesmal mussten sie mit Entsetzen zur Kenntnis nehmen, wie sehr sie militärisch von den Vereinigten Staaten abhängig waren, die den Großteil der Ressourcen für die erfolgreichen Luftschläge stellten.[41]

Die Balkankrisen hatten einschneidende Auswirkungen auf die europäische Integration. Der altgediente englische Politiker Chris Patten bezeichnete sie als den «Tiefpunkt in der europäischen Nachkriegsgeschichte, der die Kluft zwischen unseren Ansprüchen als Europäer und unserer Fähigkeit zu entschlossenem gemeinsamem Handeln offenlegte».[42] Catherine Ashton, die als Erste das 2009 geschaffene Amt des Hohen Vertreters der Europäischen Union für Außen- und Sicherheitspolitik bekleidete, bezeichnete die Balkanregion als die «Geburtsstätte der EU-Außenpolitik».[43] Andere vertraten dagegen die Ansicht, dass der europäische Kontinent eine neue Form von «Zivilmacht» hervorgebracht habe, die über die herkömmliche Geopolitik hinausreiche und daher nicht anstreben sollte, ebenfalls eine Supermacht nach amerikanischem Vorbild zu werden.[44] Dieser Auffassung zufolge war die europäische Integration in erster Linie eine Lösung zur Verhinderung eines Krieges, insbesondere zur Bändigung eines deutschen Militarismus; daher sei es nicht sinnvoll, die Union mit militärischen Fähigkeiten auszustatten. Vielmehr sollten die Europäer ihre wirtschaftlichen, politischen und kulturellen Stärken auf den Gebieten der Konfliktprävention und des Wiederaufbaus vom Krieg zerstörter Länder zum Tragen bringen und ihre Werte durch eine friedliche Ausweitung verbreiten.[45] Anders gesagt, Europa solle eine «normative Macht» werden und nicht versuchen, die traditionellen Großmächte nachzuahmen, die es zu überwinden versuche.[46] Diese Interpretation kam den Deutschen sehr gelegen, denn sie befreite sie von der Verpflichtung, sich militärisch an der Durchsetzung europäischer Interessen zu beteiligen. Sie wollten, dass Europa zu einem ähnlichen Gebilde werden sollte wie das Heilige Römische Reich, zu einer Rechtsordnung und nicht zu einer Großmacht.

Im Gefolge der Terroranschläge vom 11. September 2001 hofften manche, dass diese neue Gefahr die Nationalstaaten dazu bewegen würde, ihre Souveränität im Interesse der gemeinsamen Sicherheit zu bündeln. Der deutsche Außenminister Joschka Fischer stellte diese Verbindung im Dezember 2001 her, als er erklärte, dass «Europa ... nur durch Krisen und durch Druck und nicht durch Papiere und auch nicht durch Überzeugungen [wächst]».[47] Vor dem Hintergrund der Anschläge in New York vertrat Fischer die Ansicht, dass «das Gewicht, das die großen europäischen Nationalstaaten mit sich bringen ... schlicht und einfach nicht mehr ausreichend [ist]». Im Februar 2002 nahm in Brüssel der zweite Europäische Konvent seine Tätigkeit auf, der einen Entwurf einer Verfassung für Europa erarbeiten sollte. Der «Vertrag über eine Verfassung für Europa», auf den sich die nationalen Regierungen im Oktober 2004 einigten, beinhaltete quantitative und qualitative Veränderungen bezüglich der Kompetenzen, die von der nationalen auf die europäische Ebene übertragen werden sollten. Die Zahl der Bereiche, in denen für Entscheidungen eine qualifizierte Mehrheit erforderlich wurde – mit Einbußen der nationalen Souveränität –, verdoppelte sich nahezu, vor allem auf den Gebieten der Rechts- und der Innenpolitik. Auch die Kompetenzen des Europäischen Parlaments wurden ausgebaut, weil man sich dadurch eine verstärkte demokratische Legitimation erhoffte.[48] Doch die am weitesten gehenden institutionellen Neuerungen gab es in der Verteidigungs- und in der Außenpolitik. Es sollten das Amt eines Außenministers der EU und die Position eines Präsidenten des Europäischen Rates geschaffen werden. Und dies sollte noch nicht das Ende der institutionellen Veränderungen darstellen. In der Präambel wurde das Bekenntnis bekräftigt, dass die Völker Europas entschlossen seien, «immer enger vereint ihr Schicksal gemeinsam zu gestalten». Abermals schien sich Europa anzuschicken, sich zu einer machtvollen Union nach nordamerikanischem Zuschnitt zu entwickeln.

Doch bedauerlicherweise hatte der Kontinent die Dinge verkehrt herum angepackt. Die Europäische Union hatte eine Währungsunion errichtet und versuchte eine gemeinsame Außen- und Sicherheitspolitik zu entwickeln, ohne zuerst eine gemeinsame föderale politische Autorität zu schaffen. Dadurch entwickelte sich ein erhebliches «Demokratiedefizit».[49] Im Unterschied zu den Vereinigten Staaten von Amerika war die Europäische Union von den Regierungen errichtet worden, nicht vom Volk und nicht einmal von den Völkern.[50] Ende Mai 2005 lehnten die französischen Wähler in einem Referendum den Verfassungsvertrag ab, kurze Zeit später taten dies auch die Niederländer. Die Völker Europas sahen anscheinend keinen zwingenden wirtschaftlichen oder strategischen Grund, ihre Souveränität aufzugeben, und die «europäische Idee» entfaltete zu wenig Zugkraft, um die fehlende Dynamik zu erzeugen.[51] «Wir, die politischen Führer Europas», beklagte Jean-Claude Juncker, der luxemburgische Ministerpräsident, der zu dieser Zeit die EU-Präsidentschaft innehatte, «haben die Kraft verloren, den Europäern das Gefühl zu geben, dass sie stolz auf sich sein können.»[52]

Das französische und das niederländische Votum veranlasste die Architekten der europäischen Verfassung, ihre Vorschläge neu zu verpacken und einen weiteren Versuch zu unternehmen. Ende 2005 verständigte sich die Europäische Union in Lissabon auf eine leicht veränderte Verfassung, in der ebenfalls die Absicht bekräftigt wurde, die Union zu einer Militärallianz weiterzuentwickeln. «Im Falle eines bewaffneten Angriffs auf das Hoheitsgebiet eines Mitgliedsstaates», so wurde festgelegt, «schulden die anderen Mitgliedsstaaten ihm alle in ihrer Macht stehende Hilfe und Unterstützung.»[53] Doch die tieferliegende Frage blieb ungelöst: Wie sollte die große Machtfülle, die in der Union gebündelt wurde, kontrollierbar gemacht werden durch die Völker, in deren Interesse die Union handeln sollte? Und umgekehrt, wie konnte man diese Völker motivieren, sich an dem großen Einigungsprojekt zu beteiligen und dadurch die noch viel stärkeren Energien freizusetzen, die im Herzen des Kontinents schlummerten?

Denkbar unvorbereitet wurde Europa daher vom unerwarteten Zusammenbruch des westlichen Finanzsystems im September 2008 getroffen, der auf einen beispiellosen zwanzigjährigen Boom folgte. Die Bankenkrise begann an der Wall Street mit dem Kollaps der Investmentbank Lehman Brothers, erfasste die gesamten Vereinigten Staaten und überquerte schließlich den Atlantik. Auf dem gesamten europäischen Kontinent kam es zu Bankenzusammenbrüchen, vor allem in Großbritannien, Irland, Spanien und sogar in Deutschland. Auf die Finanzkrise folgte ein heftiger allgemeiner Wirtschaftsabschwung, als die USA und viele westeuropäische Länder in eine Rezession abglitten. Die Immobilienmärkte, der Einzelhandel und viele weitere Wirtschaftssektoren erlebten einen dramatischen Absturz. Vor allem die europäische Schuldenkrise, die in Irland, Portugal und besonders in Griechenland eskalierte, erschütterte die Europäische Union bis ins Mark. Die Regierung in Athen hatte die wahren wirtschaftlichen Daten des Landes verschleiert, um der Gemeinschaftswährung beitreten zu können. Sie nutzte die daraus folgenden niedrigen Zinsen, um enorme staatliche und private Schulden aufzuhäufen. Die so entstandene Blase pumpten die Investoren jahrelang bereitwillig weiter auf.

Als es notwendig wurde, das europäische Bankensystem zu retten, zogen es die Kernländer vor, dies auf eine Weise durchzuführen, die wenig Rücksicht nahm auf die aktuellen Erfordernisse. Stattdessen verfolgten sie eine Strategie, in der jedes Land «auf sich selbst gestellt» blieb. In dem Glauben, dass sich der finanzielle Schaden auf die geographischen Grenzen der betroffenen Länder beschränken lassen würde, unterließen es die europäischen Staatenlenker, durch einen zentralisierten Ansatz eine Rekapitalisierung des europäischen Bankensystems sicherzustellen, wodurch sich die Finanzkrise rasch zu einer Staatsschuldenkrise ausweitete. Anstatt ein koordiniertes Programm durchzuführen, durch das es den USA gelang, einen Zusammenbruch wie 1929 zu vermeiden, erwartete man von jedem Land, allein die Kosten für die Rettung jener Banken aufzubringen, deren Hauptsitz sich auf seinem Staatsgebiet befand. Obwohl die Staatsschuldenquote in der Eurozone noch deutlich unter jenem der USA lag, wurde für einzelne Länder die Schuldenbelastung plötzlich nicht mehr tragbar. Die daraus resultierende Gefahr bestand nicht nur darin, dass Griechenland zahlungsunfähig werden und gezwungen sein würde, zur Drachme zurückzukehren, sondern dass

Portugal, Spanien und schließlich auch noch Italien «angesteckt» und mit in den Abgrund gerissen werden könnten, was das Ende der Eurozone bedeutet hätte.

Zugleich wuchs unter den Deutschen, die nicht die Möglichkeit erhalten hatten, über den Verfassungsvertrag abzustimmen, durch den sie einen Teil ihrer Souveränität aufgaben, das Unbehagen über den Prozess einer politischen Integration, die mit einer gravierenden Beschneidung ihrer demokratischen Rechte verbunden war. Das deutsche Bundesverfassungsgericht entschied im Hinblick auf den Lissabon-Vertrag, dass eine weitergehende Integration, insbesondere ein Aufgehen Deutschlands in einem europäischen Bundesstaat, einer neuen deutschen Verfassung auf der Grundlage einer Volksabstimmung bedürfe. Zugleich begann die deutsche Bevölkerung in einer Reihe von Landtagswahlen ihren Unmut über den Gedanken einer «Transferunion» zu äußern, in der sie die ärmeren und häufig auch schlecht verwalteten EU-Länder würde unterstützen müssen, ohne diese zu Reformen verpflichten zu können.

In den vergangenen Jahren sind drei verhängnisvolle Mängel der europäischen Integration zutage getreten. Sie zeigten sehr eindringlich, dass es unmöglich ist, eine Währungsunion umzusetzen ohne eine vollständige politische Union oder zumindest eine enge wirtschaftliche und fiskalpolitische Koordination, die sich in Form einer gemeinsam wahrgenommenen Souveränität auf diesen Gebieten darstellt. Sie haben auch gezeigt, dass Europa unfähig ist, sich auf eine gemeinsame Haltung in innen- und weltpolitischen Fragen zu verständigen. Vor allem aber haben diese Ereignisse ernste Zweifel geweckt an der ursprünglichen Hoffnung, dass eine politische Integration sowohl zu einer Einhegung Deutschlands wie auch zu einer Nutzbarmachung seiner Energien für die Sache der Demokratie führen würde. Im Unterschied zu den meisten anderen europäischen Staaten hat sich die Bundesrepublik Deutschland in dieser Krise sehr gut gehalten, hat ihre starke Exportstellung behauptet, vor allem im Maschinenbau, und erwirtschaftet weiterhin hohe Leistungsbilanzüberschüsse. Deutschland, das nach der Wiedervereinigung den Osten integrieren musste, bildet nach wie vor das industrielle und wirtschaftliche Kraftzentrum Europas, während gleichzeitig seine «geo-ökonomische Macht» gewachsen ist.[54]

Doch anstatt die Kontrolle über Europa anzustreben oder zumindest seinen verstärkten Einfluss zu nutzen, um eine kohärente, nach innen wie nach außen gerichtete Führungsrolle zu übernehmen, hat Deutschland, wie wir gesehen haben, einen strategischen Rückzug angetreten. Das Problem bestand also nicht darin, dass Deutschland begonnen hätte, Europa geopolitisch zu beherrschen, sondern dass es so wenig strategischen Durchsetzungswillen aufbrachte und so wenig Bereitschaft, diesen bei anderen zu fördern, dass dadurch die Union in ihrem Kern geschwächt wurde. Ähnlich wie früher die Deutschen mit ihrem Heiligen Römischen Reich haben wir ein politisches System geschaffen, das nicht dazu dient, Macht zu bündeln und zu mobilisieren, wie es die Anglo-Amerikaner tun, sondern das unser demographisches, ökonomisches und militärisches Potenzial zerteilt, schmälert und vergeudet.

All dies war eine sehr schmerzhafte Erkenntnis für die Anhänger einer politischen Einigung Europas. In seiner gegenwärtigen Konstruktion zwingt der Euro die peripheren Länder in eine Schuldknechtschaft, die nicht dauerhaft aufrechterhalten werden kann. Zugleich stehen die

«Kernländer» – insbesondere Deutschland – vor der unangenehmen Wahl, entweder zuzulassen, dass die existierende Union zerfällt oder ihre hart erarbeiteten Steuergelder in einem potenziellen Fass ohne Boden zu versenken. Deshalb versuchen die Regierungen von Frankreich und Deutschland gegenwärtig, eine «Wirtschaftsregierung» für Europa zu errichten, die eine gemeinsame Fiskalpolitik ermöglichen und über weitere Instrumente verfügen soll, die eine mehr oder weniger verbrämte französisch-deutsche Führungsrolle zum Ausdruck bringen würden. Vor allem Berlin wird so schnell zum neuen Brüssel.[55] Doch Angela Merkel, François Hollande und die übrigen Staatsführer der EU verstehen nicht, dass diese Lösung nicht funktionieren kann ohne die demokratische Teilhabe der Bürger Europas, sowohl jener, die Geld zu verleihen bereit sind, als auch jener, die es im Gegenzug für notwendige «Strukturreformen» ihrer Volkswirtschaften und Gesellschaften erhalten.[56] Ohne eine «interne Regelung» in Europa wird der Kontinent niemals in die Lage versetzt werden, die neuen globalen Herausforderungen in der Partnerschaft mit den Vereinigten Staaten von Amerika und den anderen großen Demokratien zu bewältigen.

Angesichts dieser Situation ist es nun an der Zeit, dass wir Europäer unsere intellektuellen und kulturellen Differenzen überwinden und kühlen Kopfes unsere Optionen abwägen. Es ist an der Zeit, auch an den unwahrscheinlichsten Orten nach einem Konsens zu suchen. Anstatt beispielsweise ständig die Unterschiede zwischen dem angelsächsischen keynesianischen Lager und den mitteleuropäischen Ordoliberalen hochzuspielen, wären wir gut beraten zu prüfen, worauf sich beide Seiten verständigen können.

Es wäre auch hilfreich zu erkennen, dass sowohl Paul Krugman als auch Hans-Werner Sinn, um nur zwei der prominentesten Vertreter dieser beiden Denkschulen zu nennen, wiederholt erklärt haben, dass es unter dem gegenwärtig geltenden Regelwerk für Südeuropa keinen praktikablen Weg zurück zur Prosperität gibt.[57] Wenngleich sie uneins darüber sind, worin die Ursache zu suchen ist, in der Verschwendungssucht des Südens oder der Stabilitäts- und Sparpolitik der Deutschen, haben beide sehr klar zum Ausdruck gebracht, dass unter den gegenwärtigen Bedingungen große Teile des europäischen Kontinents weiterhin mit hoher Arbeitslosigkeit, einer Verschlechterung der sozialen Verhältnisse und inneren Unruhen zu kämpfen haben werden. Zudem haben beide auf die Problematik des weiter wachsenden deutschen Handelsbilanzüberschusses hingewiesen. Doch auch in dieser Frage gibt es Differenzen: Während Krugman Deutschland unterstellt, es würde gewissermaßen seine «Nachbarn ausplündern» und alle Länder unterjochen, die mit ihm in der Eurozone gefangen sind, beklagt Sinn, dass Deutschland Schuldscheine akzeptiere für all die hochwertigen Produkte, die es exportiert, ohne die Chance zu haben, diese jemals einlösen zu können. Doch im Grundsatz sind sich beide einig: In ihrer gegenwärtigen Form funktioniert die Eurozone nicht mehr.

Dies erscheint nicht überraschend in Anbetracht der verbreiteten Skepsis bei der Euro-Einführung 1999, vor allem unter britischen und amerikanischen Beobachtern.[58] In den 1990er Jahren warnten viele amerikanische Ökonomen, dass sich aus der Wirtschaftstheorie, vor allem aus der «Theorie optimaler Währungsräume», der zwingende Schluss ergebe, dass auf die europäische Gemeinschaftswährung ernste Schwierigkeiten zukommen würden. Wenngleich die Einführung des Euro zunächst große Vorteile mit sich bringen werde, erklärten sie, werde die Eurozone aufgrund des Fehlens einer gemeinsamen Haushaltspolitik von Instabilität bedroht sein. Letzteres könne asymmetrische Schocks auslösen – heftige Wirtschaftsabschwünge, die einige Teile des Währungsraums stärker beeinträchtigen als andere.[59] Dieser Effekt, so erklärten sie weiter, würde durch die mangelnde Arbeitskräftemobilität verstärkt werden, da es die meisten Europäer bevorzugen, ihr gesamtes Leben in ihrem Geburtsland zu verbringen und nicht die nötige Flexibilität für einen Umzug aufbringen, selbst wenn ihre wirtschaftliche Situation einen Ortswechsel ratsam erscheinen ließe. Einige Beobachter, wie etwa Margaret Thatcher, führten noch ein kulturelles Argument in die Debatte ein. Laut ihrer Autobiographie warnte Thatcher in den 1990er Jahren den britischen Premierminister John Major, dass Deutschlands Inflationsangst verheerende Auswirkungen auf die ineffizienten Volkswirtschaften in der südlichen Peripherie haben werde.[60] Der ehemalige britische Außenminister und langjährige Vorsitzende der Konservativen Partei, William Hague, bezeichnete den Euro als ein «brennendes Haus ohne Ausgänge». Dennoch wurde der Euro eingeführt, und die politischen Entscheidungsträger erklärten, die Theorie sei falsch oder ihre Auswirkungen auf das reale Leben seien übertrieben.

Heute wissen wir, dass das elementare Gesetz, wonach eine Währungsunion nur funktionieren kann, wenn sie mit einer politischen Union verbunden ist, die automatische Transfers ermöglicht, nach wie vor gilt. Mario Draghi hat die Gemeinschaftswährung einmal mit einer Hummel verglichen, einem rätselhaften Wesen, das sich entgegen allen Erwartungen und scheinbar unter Missachtung der Naturgesetze in die Luft erheben und fliegen kann. Wie sich herausstellte, kann diese Hummel, wie auch in der Natur, aber nur dann fliegen, wenn besonders günstige Bedingungen herrschen. Auch das Funktionieren des Euro war zu stark von solchen unwahrscheinlichen Bedingungen abhängig. Lange Zeit behandelten die Anleihemärkte die Mitglieder der Eurozone, als wären sie alle völlig gleich. Doch sobald die Investoren am Zusammenhalt Europas zu zweifeln begannen und sich der Renditeabstand der Anleihen vergrößerte, war das Spiel zu Ende und Draghis Hummel geriet ins Trudeln, aus dem sie sich erst befreien konnte, als Draghi erklärte, er werde «alles tun, was nötig ist», um den Euro durch Anleihenkäufe zu stützen. Sobald diese Entscheidung politisch ernsthaft in Zweifel gezogen wird, wird die Hummel abermals vom Himmel zu stürzen beginnen. Dies kann jederzeit und aus vielen verschiedenen Gründen geschehen.

Kurzum, eine Fortsetzung des bisherigen Kurses, das Durchwursteln und das Hoffen und Beten dafür, dass die Zuversicht auf wundersame Weise zurückkehren möge, wird uns nicht aus dem Schlamassel herausführen. Selbst eine noch großzügigere Geldpolitik nicht. Und auch Putin, der sogenannte Islamische Staat und das Flüchtlingsproblem werden nicht verschwinden. Selbst wenn wir wollten, wir können und wir werden den Weg nicht fortsetzen, auf dem wir uns gegenwärtig befinden. Wir müssen eine Union schaffen, die die elementaren Gesetze der allgemeinpolitischen, währungspolitischen, strategischen und – vor allem – der historischen Aerodynamik respektiert.

4. Die anglo-amerikanische Lösung

Es dürfte erkennbar geworden sein, dass die Zukunft des europäischen Projekts nicht losgelöst von den kontinentalen und globalen Kräfteverhältnissen oder unter Missachtung der Lehren der Geschichte geplant werden kann. Die Eurozone ist eine Währung ohne einen Staat und ein gemeinschaftliches politisches Projekt ohne gemeinschaftliche militärische Instrumente oder eine gemeinsame Vorstellung von seiner Mission auf dem eigenen Kontinent, ganz zu schweigen von seiner Rolle in der Welt. Aufgrund einer fehlenden gesamteuropäischen parlamentarischen Vertretung, die den nationalen Parlamenten übergeordnet ist, ist Europa nicht imstande, Eurobonds herauszugeben, die die Märkte und die Währung stabilisieren könnten. Die Ankündigung von EZB-Chef Mario Draghi, «alles zu tun, was nötig ist», wurde bislang weder politisch noch finanziell ernsthaft auf die Probe gestellt und könnte sich möglicherweise als ein Versprechen erweisen, das er nicht einhalten kann. Denn dies ist völlig abhängig von der Bereitschaft der Deutschen: von der deutschen Bundeskanzlerin, dem deutschen Parlament und letztlich der deutschen Wählerschaft. Weil es keine gemeinsame Armee besitzt und auch keine wirklich gemeinsame Außen- und Sicherheitspolitik betreibt, kann Europa nur schwach reagieren auf die ernstzunehmende ideologische und militärische Herausforderung durch Putins Russland an seinen Ostgrenzen wie auch auf die vielfältigen anderen Bedrohungen wie den islamistischen Terrorismus oder das Staatsversagen in seiner südlichen Peripherie. Den südeuropäischen Ländern wie Italien oder Spanien erscheinen die russischen Ambitionen unmittelbar weit weniger bedrohlich als Polen, Finnland und den baltischen Staaten, wie ihre ablehnende Haltung gegenüber Sanktionen gegen Russland gezeigt hat. Die nord- und osteuropäischen Staaten dagegen sorgen sich nicht um das Mittelmeer, wie der polnische Widerstand gegen die militärische Intervention in Libyen demonstriert hat. Während alle Staaten in ähnlicher Weise von der Flüchtlings- und Migrationswelle betroffen sind, die an Europas Grenzen brandet, konnte die EU bislang kaum Fortschritte hinsichtlich einer gemeinsamen Reaktion auf diese Situation erzielen. Das hängt damit zusammen, dass man eine *konföderale* Antwort auf ein europäisches Problem zu finden versucht, das jedoch eine *föderale* Lösung erfordert.[61]

Man stelle sich vor, die USA und ihre Außenpolitik würden von einer Konföderation aus den Gouverneuren der Einzelstaaten bestimmt werden, ohne eine machtvolle Exekutive, ohne das Repräsentantenhaus und ohne die vermittelnde Funktion des Senats. Dieses Staatsgebilde würde von den größeren und reicheren Einzelstaaten dominiert werden. Über die Transferleistungen würde alsbald Streit ausbrechen. Die Freizügigkeit würde schnell in Frage gestellt werden, wie es während der Wirtschaftskrise in den 1930er Jahren geschah. Die Staaten an der Grenze zu Kanada würden kein Interesse an der Lösung der Probleme der mexikanischen Einwanderung aufbringen, jenen an der Westküste würden Kuba und die Karibik weitgehend gleichgültig sein, während die Staaten im Landesinneren überhaupt die Notwendigkeit einer Außenpolitik in Zweifel ziehen würden. Man stelle sich eine Amerikanische Konföderation mit einem wirtschaftlich mächtigen, aber militärisch unterentwickelten Staat wie Deutschland in ihrem geographischen Herzen vor, also etwa Kalifornien und New York zu einem Staat zusammengenommen, aber im Gebiet von Kansas und Missouri gelegen, von gefährlichen Nachbarn abgeschirmt durch dazwischenliegende schwächere Staaten. Dann würde Alaska, wo der Gouverneur (im übertragenen Sinne) Russland vom Garten seines Amtssitzes aus sehen könnte, alleine Putin gegenüberstehen. Eine gemeinsame Position in der Welt finden zu wollen, würde sich dann als Alptraum erweisen, ganz zu schweigen von dem Versuch, eine gemeinsame Reaktion auf eine Wirtschaftskrise zuwege zu bringen. Wenn man sich all dies vorstellt – und das ist unsere gegenwärtige europäische Realität –, wird man nicht nur erkennen, wie weit der vor uns liegende Weg noch ist, sondern auch, wohin wir gehen müssen.

Vor diesem Hintergrund erscheinen weder die deutschen noch die britischen Lösungsvorschläge für das europäische Problem sinnvoll. Berlin und Brüssel glauben, dass «Europa» zusammengehalten werden könne durch eine Reihe fiskalischer und ökonomischer Maßnahmen. Sie haben europäische Rettungsfonds für die Gemeinschaftswährung durchgesetzt, und sie möchten, dass dem EU-Währungskommissar das Recht eingeräumt wird, gegen die Haushalte der Mitgliedsländer sein Veto einzulegen, wenn diese gegen die gemeinsam verabschiedeten Stabilitätskriterien verstoßen;[62] sie bevorzugen Regeln statt demokratischer Teilhabe. Eine politische Union, so erklären sie, werde die Währungs- und Fiskalunion nicht begleiten, sondern sie vervollständigen. Sie werde der krönende Moment sein, nicht der Ausgangspunkt; der

Prozess sei ein Ziel an sich und nicht ein Mittel zum Zweck.

Mit anderen Worten, die europäische föderale Union soll ein Prozess sein, der durch ein Ereignis gekrönt wird, und nicht – wie in den anglo-amerikanischen Fällen – ein Ereignis, dem ein Prozess folgt. Die Umsetzung dieser Vision ist zwar schon ein Stück weit vorangekommen, beispielsweise durch die Schaffung einer «Bankenunion», aber sie ist letztlich zum Scheitern verurteilt. Die daraus resultierende Austeritätspolitik wird die europäische Peripherie in die Knie zwingen, bevor sich reale wirtschaftliche Verbesserungen einstellen können oder bevor die vorübergehend aufgehobenen Partizipationsrechte durch die Schaffung einer vollständigen politischen Union wieder in Kraft gesetzt werden können. Darüber hinaus bedeutet die *konföderale* Natur der demokratischen Legitimation Europas und die *föderale* Natur seiner fiskalischen und ökonomischen Politik, dass die Kontrolle über diesen Prozess weitgehend auf den größten und mächtigsten Bestandteil der Union, nämlich auf Deutschland, übergegangen ist. Eine solche Entwicklung zu verhindern, dazu war das europäische Projekt ursprünglich – wenn auch unter ganz anderen Umständen – geschaffen worden.

Zudem beruht die gegenwärtige Strategie auf der «gradualistischen» Täuschung, dass sich eine europäische politische Union peu à peu durch eine Abfolge kleiner Schritte errichten ließe. Die Lenker der Eurozone haben anscheinend nicht erkannt, dass erfolgreiche staatliche Unionen, entgegen der Überlieferung und Kultur der EU, nicht durch schrittweise Konvergenzprozesse unter verhältnismäßig günstigen Umständen entstanden sind, sondern durch Brüche in extremen Krisenzeiten. Wie wir an den anglo-amerikanischen Beispielen gesehen haben, bildet sich eine Staatenunion nicht auf evolutionärem Weg, sondern durch einen «großen Knall». Es sind *Ereignisse,* nicht *Prozesse,* die sie zustande bringen. Selbst in Deutschland führte der Zollverein von 1833/34 nicht automatisch im Laufe der folgenden vier Jahrzehnte zur staatlichen Einigung: diese wurde erst durch Bismarck herbeigeführt in einer Reihe von erbitterten Kriegen gegen Nachbarmächte. Die gegenwärtige politische Integrationsstrategie Europas ist dagegen eine ewige Verlobung, das nicht in der Vermählung enden wird, sondern in Tränen.

Auch der Lösungsvorschlag des britischen Premierministers Cameron ist unpraktikabel. In seiner vieldiskutierten Bloomberg-Rede vom Januar 2013 schlug Cameron ein «britischeres» und «flexibleres» Europa vor, das seine globale Wettbewerbsfähigkeit wiedererlangen würde, indem es eine Rückübertragung von Kompetenzen aus dem Zentrum zulassen würde.[63] Er verlangte «eine Struktur, die sich an die Vielfältigkeit ihrer Mitglieder anpassen kann», von denen einige, «auch Großbritannien», sich «niemals mit einer engeren wirtschaftlichen und politischen Integration anfreunden werden können». Dies würde «einen neuen Vertrag ... für die gesamte EU erfordern, nicht nur für Großbritannien». Doch die Vorannahmen des britischen Premierministers sind bereits durch die Ereignisse überholt worden. Er ging davon aus, «dass die verschwisterten Geißeln des Krieges und der Tyrannei von unserem Kontinent verbannt sind». Wie die jüngste Annexion der Krim durch Russland, der unerklärte Krieg gegen die Ukraine in Donezk und Lugansk sowie Putins stetige Einschränkung der Freiheiten in Russland gezeigt haben, sind diese «verschwisterten Geißeln» wieder zurückgekehrt. Kein Konzept für ein künftiges Europa kann diese Tatsache außer Acht lassen. Je «lockerer» die Bande sind, umso schwächer wird die Antwort auf Bedrohungen von außen ausfallen.

Zudem riskiert Cameron mit seinem Vorschlag, die sprichwörtliche «Büchse der Pandora» zu öffnen, wenn daraufhin auch andere Mitgliedsstaaten nationale Ausnahmeregelungen verlangen würden. Dadurch würde die gesamte Union funktionsunfähig werden. Es gibt daher zunehmend Anzeichen in den «Kernländern», vor allem in Deutschland, dass man sich damit abgefunden hat, dass die britischen Wünsche nicht erfüllt werden können. Zudem hat sich die Situation seit den 1990er und den frühen 2000er Jahren verändert, als sich London als Vorkämpfer der «neuen» Europäer gegen die Zentralisierungstendenzen aus Brüssel darstellte. Berlin, nicht London steht heute im Mittelpunkt, wenn diese Länder versuchen, sich in den währungspolitischen und wirtschaftlichen Stürmen zu behaupten.[64] Für die Mitglieder der Eurozone und die Beitrittskandidaten ist Europa mittlerweile zu einer Schicksalsgemeinschaft geworden, der sie sich nicht entziehen können und auch nicht entziehen wollen. Das «neue» und das «alte» Europa würden mit hoher Wahrscheinlichkeit gewisse Reformen akzeptieren, um den Briten entgegenzukommen, aber sie können nicht die tiefgreifenden Änderungen gutheißen, die erforderlich wären, um Großbritannien zufrieden zu stellen. Auf die eine oder die andere Art steuert Großbritannien also auf den Austritt zu.[65]

Das Hauptproblem einer «britischen» Lösung für Europa besteht jedoch darin, dass sie auf dem genauen Gegenteil jener Prinzipien beruhen würde, auf deren

Grundlage das Vereinigte Königreich seinerzeit geschaffen wurde. Es wurde als ein starker Staat gegründet mit klaren Regelungen bezüglich Staatsfinanzierung, parlamentarischer Souveränität und einer gemeinsamen Verteidigungspolitik; aus diesem Grund hat das schottische Verlangen nach mehr Eigenständigkeit zu Recht so große Aufregung hervorgerufen. Die Forderung, dass Europa auf eine vertiefte Integration verzichten solle, um die Krise zu lösen und dadurch Großbritannien den Verbleib in der Union zu ermöglichen, steht im Gegensatz zu den eigenen historischen Erfahrungen der Briten und ihrer amerikanischen Verwandten. Eine Lockerung der föderalen Bande mag von London als eine Vergrößerung der Poren verstanden werden, die den Völkern Luft zum Atmen geben, sie würde aber in der Praxis wie eine Reihe von Einschnitten wirken, aus denen das Herzblut der Union entweichen würde.

Die politische Union, welche die Eurozone so dringend benötigt, verlangt daher eine gemeinsame Willensanstrengung ihrer Regierungen, ihrer politischen Eliten und ihrer Bürger.[66] Dies erfordert die Anerkennung der Tatsache, dass ihre komplizierte Lage – eine Reihe miteinander verbundener politischer, fiskalischer und strategischer Herausforderungen – große Ähnlichkeit mit jener der Briten und der Amerikaner aufweist, die diese 1707 beziehungsweise 1787/88 zur Gründung ihrer Staatenunionen veranlasste. Es ist daher nicht notwendig, dass das kontinentale Europa gewissermaßen «das Rad neu erfindet», da jenseits des Ärmelkanals beziehungsweise jenseits des Atlantiks jeweils bereits ein bewährtes und erprobtes Modell zur Verfügung steht. Die Vereinigten Staaten von Europa können von der anglo-schottischen Union das Prinzip übernehmen, dass sich nationale Identitäten und der Nationalstaat durch eine politische Union ohne einen Verlust des kulturellen Erbes überwinden lassen. Die Vereinigten Staaten von Amerika können ihnen dahingehend ein Vorbild sein, wie sich die Bedürfnisse des Zentrums und der Regionen in Einklang bringen lassen in einer Union einer Vielzahl von Staaten unterschiedlicher Größe, mit unterschiedlicher Wirtschaftskraft und unterschiedlichen strategischen Interessen. Von beiden können sie die Erkenntnis übernehmen, dass nur gemeinsame Staatsanleihen, für die ein gemeinsames Parlament die Verantwortung trägt, den Staat auf ein solides finanzielles Fundament stellen und in die Lage versetzen können, seine Position in der Welt zu behaupten. All dies erfordert, dass sich die Europäer von ihrem überkommenen, noch immer sehr geschätzten Patentrezept verabschieden, dass der Prozess letzten Endes zum gewünschten Ergebnis führen werde, und sich einer Strategie zuwenden, die mit einem Ereignis beginnt, auf das ein Prozess mit offenem Ende folgt.

Die Errichtung eines vereinigten Eurozonen-Staates auf der Grundlage anglo-amerikanischer Verfassungsprinzipien muss mit der Zusammenführung der Staatsanleihen der Mitgliedsstaaten zu «Unionsbonds» beginnen, für die die parlamentarische Vertretung der gesamten Union verantwortlich ist. Dieses Parlament müsste aus einer Bürgerkammer bestehen, die von der Bevölkerung der Union gewählt wird, und einem Senat, der die ursprünglichen Mitgliedsländer der Union (oder, sofern dies vereinbart wird, auch Regionen wie beispielsweise Katalonien) gleichberechtigt repräsentiert. An der Spitze der Exekutive sollte ein Präsident nach amerikanischem Muster stehen, der in der gesamten Union direkt gewählt wird (nicht durch ein Wahlkollegium). Die Außenpolitik und die Grenzsicherung müssten exklusiv der Union vorbehalten sein. Es würde eine gemeinsame Armee im Rahmen der NATO geben. Die Verwaltungssprache würde Englisch sein.

Eine solche politische Struktur würde den europäischen Kontinent in die Lage versetzen, sich mit seinen dringendsten Problemen zu befassen. Sie würde die Ressourcen der gesamten Eurozone, insbesondere das Potenzial Deutschlands, bündeln und für gemeinsame Projekte mobilisieren. Die Unionsbonds würden zu einem Ende der Eurokrise führen, indem sie tragfähige Gemeinschaftsanleihen schaffen, hinter denen die produktive Kraft der gesamten Union steht; das Ende der nationalen Souveränität würde auch die Fähigkeit der einzelnen Mitgliedsstaaten, neue Anleihen herauszugeben, beseitigen oder zumindest stark einschränken. Eine gemeinsame Außenpolitik und eine gemeinsame Militärstreitmacht würden Russland im Zaum halten können. Das Ende der Nationalstaaten würde die Probleme lösen, die durch die Sezessionsbestrebungen von Regionen wie Katalonien und anderen entstehen, die sich von einer lokalen Metropolis lösen wollen, aber keine völlige Unabhängigkeit außerhalb der EU anstreben. Durch die Einbettung Deutschlands in einen größeren Rahmen, die sein Potenzial für das Wohl des Ganzen besser nutzbar macht, würde eine politische Union der Eurozone nach anglo-amerikanischem Muster auch die einzige Möglichkeit der Verhinderung einer strukturellen Dominanz Deutschlands darstellen, die Berlin ebenso wenig wünscht wie alle anderen Mitglieder.

Damit dieses ökonomische Modell funktionieren kann, müsste die neue Union eine Transferunion sein, in der Transferzahlungen über den Unionshaushalt organisiert werden. Direkte Zahlungen zwischen Mitgliedsländern sind aus praktischen und politischen Gründen offenkundig nicht durchführbar. Dieses System funktioniert bereits innerhalb vieler Euro-Mitgliedsstaaten und auch anderswo. So erwirtschaftet zum Beispiel der US-Bundesstaat New York jährlich für den Bund Steuereinnahmen in Höhe von rund 230 Milliarden Dollar, von denen nur ungefähr 135 Milliarden in New York ausgegeben werden. Der Rest der Steuergelder, die von diesem Staat aufgebracht werden, wird im Rahmen von Bundesprogrammen wie Medicare und Medicaid sowie durch Sozialversicherungs-, Infrastruktur- und Militärausgaben in den übrigen Teilen der USA verteilt. Florida auf der anderen Seite gibt dagegen jedes Jahr 284 Milliarden Dollar aus, erzielt aber nur Steuereinnahmen von 141 Milliarden Dollar. Somit erhält Florida jährlich 143 Milliarden aus dem Rest der USA. Trotz aller Schwächen und Unzulänglichkeiten des föderalen Systems der USA (Fehler, die Europa nicht wiederholen müsste) würde in New York niemand ernsthaft auf die Idee kommen, eine Abspaltung von den USA zu erwägen. Zugleich denkt in den USA auch niemand daran, Florida aus der Union auszuschließen. Die Amerikaner haben begriffen, dass eine Union Vorteile bietet, die alle monetären Probleme und Konflikte aufwiegen.

Keiner der gängigen Einwände gegen eine föderale Union ist wirklich stichhaltig. Jenen Kritikern, die die jeweiligen nationalen Eigenheiten und Besonderheiten der Europäer ins Feld führen, ist das historische Beispiel des Vereinigten Königreiches entgegenzuhalten, das zwei sehr unterschiedliche und sich in vielfacher Weise feindselig gegenüberstehende Nationen in einer politischen Union vereinte. Die meisten Nationen der Eurozone haben gegenwärtig eine bessere Meinung voneinander als die Engländer von den Schotten und umgekehrt. Die Alternative zu einer supranationalen Union und damit einer Rettung des Euro ist die Rückkehr zum Nationalstaat, wodurch Deutschland, ob es das wollte oder nicht, zum bei weitem wichtigsten Akteur auf dem europäischen Festland aufsteigen würde. Eine vollständige föderale Union würde nicht zu einem Machtzuwachs für Deutschland führen – das gegenwärtig durch die konföderale Struktur der EU stark an Bedeutung gewinnt –, sondern sie würde seine 80 Millionen Einwohner in eine EU einbetten, die dann wahrscheinlich mehr als 350 Millionen Menschen umfassen würde. Die Gegner einer Aufgabe der nationalen Souveränität sollten schließlich auch noch wissen, dass der Zug bereits mit der Einführung der Gemeinschaftswährung abgefahren war. Bemerkenswerterweise wünscht die Bevölkerung keines der Länder, die unter den zur Rettung des Euro durchgeführten Sparmaßnahmen besonders zu leiden haben, eine Rückkehr zu ihren alten Währungen oder ihrer früheren nationalen Politik. Die Völker der Eurozone haben ihre nationale Souveränität bereits aufgegeben, die reichen ebenso wie die armen, und nur ein Unionsparlament wird ihnen eine demokratische Repräsentation auf gleichberechtigter Basis verschaffen können.

Auch der Einwand zieht nicht, dass ein «soziales Europa» nicht vereinbar sei mit dem «angelsächsischen» Modell. Die Debatte über die richtige Struktur Europas sollte kein Schönheitswettbewerb über die beste Form innerstaatlicher Organisation sein, sondern über die richtige konstitutionelle Architektur für einen Kontinent mit einer Geschichte, die durch innere Zerrissenheit geprägt war und durch die Unfähigkeit, auf äußere Bedrohungen angemessen zu reagieren. Diesen Anforderungen kann nur das anglo-amerikanische Modell genügen. Es kann mit vielen unterschiedlichen Formen innerstaatlicher Organisation koexistieren. Das Vereinigte Königreich hat den Wohlfahrtsstaat und den Thatcherismus hervorgebracht. Die Vereinigten Staaten von Amerika haben sowohl den New Deal als auch Ronald Reagan hervorgebracht. Man sollte daher keine voreiligen allgemeinen Feststellungen über die innerstaatliche oder die ideologische Ausgestaltung eines einheitlichen europäischen Staates treffen, außer dass es ein demokratischer Staat sein würde, der sich weiterentwickelt und verändert, wie es Demokratien immer tun und auch tun sollten. Sein Zweck würde nicht darin bestehen, eine bestimmte Form einer westlich-kapitalistischen Demokratie durchzusetzen, er müsste vielmehr sicherstellen, dass die Eurozone über die Mittel verfügt, um sich gegen undemokratische Herausforderungen von innen und vor allem von außen zu schützen.

Winston Churchill hat vor nahezu siebzig Jahren, kurz nach dem Ende des Zweiten Weltkriegs, auf eine solche Möglichkeit hingewiesen.[67] In seiner berühmten, aber häufig missverstandenen Rede in Zürich im September 1946 forderte der ehemalige britische Premierminister die Schaffung einer politischen Union auf dem europäischen Kontinent in Form «einer Art Vereinigte Staaten von Europa» gemäß den «Grundsätzen, die in der Atlantik-Charta verankert wurden». Er lobte die Anstrengungen der «Paneuropäischen Union» von Graf Coudenhove-Kalergi, die in den 1920er Jahren in Frankreich, Deutschland und anderen Teilen Europas starken Zuspruch fand. Churchill forderte einen «Akt des Vertrauens», beginnend mit «einer Partnerschaft zwischen

Deutschland und Frankreich», um die sich jene Staaten Europas sammeln könnten, die einer solchen «Union beitreten können oder wollen». Deren Zweck sah er darin, dass künftig «die materielle Stärke eines einzelnen Staates weniger wichtig» sein werde. «Kleine Nationen werden genauso viel zählen wie große, und sie werden sich ihren Rang durch ihren Beitrag für die gemeinsame Sache sichern.» Somit könnten auch «die alten Staaten und Fürstentümer Deutschlands, in einem föderalistischen System zum gemeinsamen Vorteil freiwillig zusammengeschlossen …, innerhalb der Vereinigten Staaten von Europa ihre individuellen Stellungen einnehmen». Kurzum, dieses neue politische Gebilde sollte nicht nur die europäische Frage lösen, sondern auch das deutsche Problem, die beide ein und dasselbe seien. Bemerkenswerterweise sollten nach Churchills Vorstellungen das Vereinigte Königreich und das britische «Commonwealth of Nations» nicht diesen Vereinigten Staaten von Europa angehören. Das britische Empire sollte seiner Ansicht nach an der Seite des «mächtigen Amerika und, so hoffe ich wenigstens, Sowjetrussland» dieses neue Europa fördern und beschützen – «dann wäre tatsächlich alles gut».

Auf den ersten Blick mag diese britische «Nichtteilnahme» für andere Europäer und «europhile» Briten befremdlich erscheinen. Würde dann das Vereinigte Königreich in Europa nicht isoliert sein und von der vereinigten Wirtschaftsmacht des neuen Staates an die Wand gedrückt werden? Wenn Großbritannien nicht der neu aufgelegten Europäischen Union angehört, warum sollte es dann vom Gemeinsamen Markt profitieren? Wäre es nicht absurd, eine englischsprachige Europäische Union zu errichten ohne Großbritannien? Warum sollte man dann nicht eine andere Sprache wählen? Einige dieser Einwände sind stichhaltiger als andere, aber keiner von ihnen ist wirklich überzeugend.

Es gibt tatsächlich viele Länder außerhalb des Vereinigten Königreichs, in denen Englisch gesprochen wird. Darunter ist auch ein Mitgliedsstaat der EU, der höchstwahrscheinlich einer föderalistischen Union beitreten würde, nämlich die Irische Republik. Von besonderer Bedeutung in diesem Zusammenhang ist die Tatsache, dass es in den Vereinigten Staaten von Amerika ganz und gar nicht absurd erscheint, Englisch zu sprechen, obwohl sich dieses Land einst vom britischen Empire abgespalten hat. Es gibt also keinen logischen Grund, warum ein einheitlicher Eurozonen-Staat nicht Englisch als Verwaltungssprache verwenden sollte. Ein «Brexit» würde es vielleicht sogar psychologisch erleichtern, eine solche Lösung zu akzeptieren, zumindest für Frankreich. Zudem ist die Option für Englisch auch eine Entscheidung gegen eine andere Sprache, wie Deutsch oder Französisch oder (wenn man es pessimistisch sehen will) Russisch. Mehrere europäische Politiker, darunter auch der deutsche Bundespräsident Joachim Gauck, haben bereits vorgeschlagen, Englisch als Sprache der Union zu verwenden. Natürlich gibt es grundsätzlich keinen Grund, weshalb eine neu gegründete Staatenunion nicht auch irgendeine andere Sprache wählen könnte, wie etwa Latein oder Esperanto. Dennoch erscheint Englisch als die realistischste Möglichkeit. Es ist ohnehin bereits die *lingua franca* des europäischen Kontinents.

Am wichtigsten ist jedoch, dass die Völker der Eurozone verstehen, dass das Vereinigte Königreich eine *außergewöhnliche* Macht in Europa ist. Das britische Volk ist nicht bereit, seine Souveränität für die Mitgliedschaft in einem föderalistischen Europa zu opfern, und es ist auch willens, einen hohen Preis für diese Haltung zu zahlen. Großbritannien ist aus diesen Gründen auch nicht der Gemeinschaftswährung beigetreten. Nahezu alle anderen europäischen Völker aber sind letztlich entweder bereit, ihre Souveränität aufzugeben, oder haben sie aus verschiedenen Gründen bereits verloren, vor allem indem sie auf die nationale Kontrolle über ihre Währung verzichtet haben. Großbritannien ist dagegen fast als einziges Land in Europa, obwohl es heute kein dominierender weltpolitischer Akteur mehr ist, in der Lage, sich alleine zu behaupten. Darin spiegelt sich zum Teil eine Verfassungstradition, die im 20. Jahrhundert weder durch eine Diktatur noch durch eine militärische Niederlage gebrochen wurde, zum anderen aber auch das nach wie vor bestehende wirtschaftliche und militärische Potenzial des Landes. Fast alle anderen europäischen Staaten sind dagegen zu schwach, um als unabhängige Akteure auftreten zu können – wobei sich ihre Bestrebungen im Kampf um das schiere Überleben erschöpfen würden –, während Deutschland zu groß ist, um ihm dies gestatten zu können. Mit anderen Worten, Europa wurde errichtet, um etwas zu reparieren, das in Großbritannien nie zu Bruch gegangen ist.

Ein einvernehmlicher und weitgehend reibungsloser «Brexit» im Rahmen einer voll ausgebildeten europäischen politischen Union würde Europa nicht beschädigen. Er würde keine Auswirkungen auf die Anleihenkurse haben und auch nicht auf das Management des Euro. Das Vereinigte Königreich hat keinen Sitz in der EZB, engagiert sich nur begrenzt in der EU-Wirtschaftspolitik, und es besteht auch keine reale Gefahr, dass institutionelle oder private Marktteilnehmer zahlungsunfähig werden könnten. Anders sähe es freilich aus, wenn sich Großbritanniens Ausstieg ungeordnet vollziehen würde, im Kontext einer zersplitternden oder zunehmend fragiler werdenden Eurozone, und wenn weitere größere europäische Länder den Briten folgen würden.

Wenn ein Zusammenbruch der Eurozone verhindert werden soll, und das ist der zentrale Punkt, dann muss sich «Europa» tiefgreifend verändern und kann nicht mehr jene Gemeinschaft sein, der Großbritannien vor vierzig Jahren beigetreten ist. Es geht also im Grunde nicht darum, ob Großbritannien die EU verlässt, sondern ob die Eurozone die ursprüngliche Europäische Union verlässt, um einen «Euroexit» sozusagen. Ein «Brexit» ohne einen gleichzeitigen «Euroexit» ergibt also keinen Sinn, denn erst Letzteres macht Ersteren wirklich notwendig. Vielmehr bedarf es einer politischen Einigung der Eurozone, der ein gesamteuropäisches Referendum vorausgehen muss, in dem das Vereinigte Königreich lediglich einer der Teilnehmer sein würde. Im wahrscheinlichen Fall, dass Großbritannien «Nein» sagen würde, würde eine veränderte Europäische Konföderation zwischen dem Vereinigten Königreich und dem neuen Eurozonen-Staat erforderlich werden.

All dies muss in eine umfassende Neuregelung für Europa eingebettet werden, die auf einen Schlag in einem relativ kurzen und durch intensive Debatten geprägten Zeitraum erreicht werden muss, nicht, wie es gegenwärtig der Fall ist, in einem zähen und mühsamen Prozess mit Volksabstimmungen und ständigen Neuverhandlungen. Den Kern dieser Neuregelung wird ein neuer, vereinigter Eurozonen-Staat bilden, der von den wichtigsten externen Akteuren garantiert wird; dazu gehören aber nicht Unruhestifter, die auf den eigenen politischen Vorteil bedacht sind, wie Putins Russland. Die Vereinigten Staaten von Amerika, das Vereinigte Königreich und Kanada können diese Rolle beanspruchen kraft der Tatsache, dass sie in der Geschichte schon dreimal gezwungen waren, Europa vor sich selbst zu retten, nämlich im Ersten Weltkrieg, im Zweiten Weltkrieg und im Kalten Krieg. Diese drei Mächte werden weiterhin, in unterschiedlichem Maße, das militärische Defizit Europas ausgleichen. Es liegt in ihrem Interesse und es ist ihr Recht, ebenso wie es im Interesse der Länder der Eurozone liegt, dass sie die Aufgabe übernehmen, den Aufbau einer neuen und mächtigen Union auf dem europäischen Festland zu unterstützen.

Nach Entfernung des Baugerüstes wird die innere Ausschmückung dieses neuen kontinentalen Hauses zum Teil eine Frage von Verhandlungen und eine Frage der weiteren Entwicklung sein. Doch die Fundamente, die Rohre und Kabel und die Installationen des Gebäudes sollten fest eingebaut sein. Die Außenmauern unserer Union und das Dach müssen robust und solide sein, damit sie uns gegen das Toben der Elemente im Osten und Süden und in der Welt allgemein schützen können.

Doch wie der legendäre deutsche Militärtheoretiker Carl von Clausewitz einmal sagte, können die einfachsten Dinge oft sehr schwer sein. Wie kann Europa mit der konstitutionellen Struktur ausgestattet werden, die es benötigt, ohne Großbritannien an den Rand zu drängen, wenn es zur Errichtung einer Eurozonen-Union kommt? Die herkömmliche Haltung der englischen Europhilen lautet, dass London wahrscheinlich weiterhin Mitglied im Gemeinsamen Markt bleiben könnte, dass es aber, wenn es «draußen» ist, die Regeln des Gemeinsamen

Marktes der EU akzeptieren müsste, ohne sie mitbestimmen zu können, wie dies gegenwärtig auch für Norwegen und die Schweiz gilt. Dieses Argument weist eine gravierende Schwäche auf. Großbritannien ist schlicht nicht zu vergleichen mit anderen Nichtmitgliedern des Euro oder Nichtmitgliedern der EU. Durch seine wirtschaftliche Stärke, seinen ständigen Sitz im Weltsicherheitsrat, seine Vertrauen erweckende Währung, seine Funktion als kultureller Magnet, seine unabhängige nukleare Abschreckung und sein «militärisches Können», wie es der britische Premierminister einmal ausdrückte, gehört Großbritannien zu den drei oder vier wichtigsten Mächten der Welt. Die jüngsten Ereignisse haben Großbritanniens Stellung in Europa sogar gestärkt, nachdem die Gemeinschaftswährung ins Schlingern geraten ist und die Obama-Administration den Blick nach Asien richtet. All dies macht Großbritannien nicht nur so stark und robust, dass es sich von der Eurozone nichts diktieren lassen muss, sondern dass es auch einen maßgeblichen Beitrag zur Sicherheit Europas leisten kann.

Daraus ergibt sich, dass ein groß angelegtes Tauschgeschäft zwischen London und einem potenziellen Eurozonen-Staat notwendig und möglich wäre. Kein Geringerer als Jacques Delors erklärte im Dezember 2012: «Den Briten geht es allein um ihre wirtschaftlichen Interessen, um nichts anderes. Man könnte ihnen eine andere Form von Partnerschaft anbieten. ... Wenn die Briten die Entwicklung zu vertiefter Integration in Europa nicht mittragen können, können wir dennoch Freunde bleiben, allerdings auf einer anderen Grundlage. Ich könnte mir eine Art von europäischer Wirtschaftszone oder ein Freihandelsabkommen vorstellen.»[68]

So könnte ein solches Arrangement ungefähr aussehen: Großbritannien würde sich weiterhin überproportional militärisch (durch die NATO) und überproportional wirtschaftlich (durch den Gemeinsamen Markt) in Europa beteiligen. Einwanderung und Freizügigkeit könnten einvernehmlich auf der Grundlage von Gegenseitigkeit geregelt werden, sei es auf restriktive oder großzügige Weise. Die Rechts- und die Haushaltspolitik würden repatriiert werden. Und, was am wichtigsten wäre, es würde eine konföderative Verwaltung des Gemeinsamen Marktes und der City of London geben, wodurch Großbritannien eine wesentlich bedeutendere Rolle spielen würde als Norwegen und die Schweiz und auch eine einflussreichere, als es heute ausübt.

Wenn wir also das Unmögliche ausgeschlossen haben, nämlich eine Fortdauer des Status quo oder des gegenwärtigen Gradualismus von Brüssel und Berlin, wenn wir als unwahrscheinlich erkannt haben, dass Großbritannien einem vereinigten europäischen Staat beitreten würde, und wenn wir zurückgewiesen haben, was völlig unakzeptabel ist, nämlich einen Zerfall der Eurozone und eine Rückkehr zu den nationalen Währungen, die dann von der Deutschen Mark dominiert werden würden, dann muss das, was bleibt, nämlich eine vollständige politische Union nach anglo-amerikanischem Vorbild ohne Großbritannien, auch die Lösung sein, wie unwahrscheinlich sie auch anmuten mag.

Lassen wir den Einwand nicht gelten, dass ein britisches Europa ohne Großbritannien keinen Sinn ergäbe. Die Geschichte legt das Gegenteil nahe. Die Vereinigten Staaten von Amerika entstanden als eine Abspaltung vom Vereinigten Königreich, das auf den Grundsätzen der anglo-schottischen Union ruht. Ebenso kann Europa dem britischen Beispiel folgen, indem es sich von Großbritannien trennt. Wenn es dies tut und dabei sein Potenzial zur Geltung bringt, wird das daraus entstehende politische Gemeinwesen am Ende mächtiger werden als diese beiden älteren Staatenunionen zusammen. Was wir also jetzt auf beiden Seiten des Kanals brauchen, das ist nicht ein europäisches Großbritannien, sondern ein «britisches Europa».

5. Union jetzt!

Wir sind nicht die Ersten, die auf Europas schwierige Lage hinweisen und einen Ausweg empfehlen. Bedauerlicherweise werden die bisherigen Lösungsvorschläge entweder dem Problem nicht gerecht oder verschlimmern es noch. Manche meinen, es wäre am besten, das Handtuch zu werfen und zum System der Nationalstaaten zurückzukehren, die jeweils eine eigene Währung besitzen, welche von ihrer Nationalbank kontrolliert wird. Griechenland, Italien, Portugal und Spanien könnten auf diese Weise durch die Abwertung ihrer Währungen ihre Wettbewerbsfähigkeit wiedergewinnen und auch einen Teil ihrer Souveränität zurückerlangen, die sie durch den Beitritt zur Eurozone verloren haben. In den Grenzen der europäischen Nationalstaaten könnten auch echte demokratische Legitimation und Volksherrschaft wiederhergestellt werden, so wird behauptet, und die Länder könnten den schmerzhaften Pfad der «inneren Abwertung» verlassen. Diese Lösung erscheint zwar aus europäischer Perspektive nicht sonderlich optimistisch, hat aber zumindest den Vorteil, dass sie theoretisch möglich wäre.

Das Problem besteht darin, dass die meisten europäischen Länder zu klein oder zu schwach sind, um sie im engeren Sinne als souverän bezeichnen zu können, da ihre Abhängigkeiten von anderen europäischen Staaten und nicht zuletzt auch von den USA, Russland oder China sehr groß sind. Doch Europa hat auch schon früher in diesem Zustand existiert und könnte auch wieder so existieren. Dann würden wir uns nicht ständig darum bemühen müssen, ein sorgfältig justiertes Kräftegleichgewicht herzustellen, das stets in der Gefahr schwebt, zu zerbrechen. Obwohl eine freie Währung ihre Exporte beeinträchtigen würde, könnten die Deutschen sich dann einreden, dass sie nichts an ihre Nachbarn verschenken, und die Regierungen Südeuropas könnten wieder zu ihrer alten Vetternwirtschaft und ihrem Schlendrian zurückkehren, ohne von einer übergeordneten Autorität kontrolliert zu werden.

Es zirkulieren mehrere Schlachtpläne, die auf dieser Option beruhen. Die radikalsten Fassungen, die mit einer gehörigen Portion nationalistischem Eifer und Feindseligkeit gegen die jeweiligen europäischen Nachbarn aufgeladen sind, stammen natürlich von den rechtsgerichteten EU-feindlichen Parteien, die seit Ausbruch der Krise an Einfluss gewonnen haben. Marine Le Pen in Frankreich, Nigel Farage in Großbritannien und wohl auch die führenden Vertreter der AfD in Deutschland betrachten ein wie immer geartetes Zerfallsszenarium nicht nur als unvermeidliches Ergebnis der gegenwärtigen Krise, sondern auch als das logische Ende der Torheit, die als europäischer Integrationsprozess bezeichnet wurde. In ihrer Argumentation stützen sie sich auf Fragen der Kultur, der Rasse und der Identität, prangern die Einwanderung an (eine Einwanderung, die Europa angesichts seiner aktuellen Geburtenraten dringend benötigt) und zeigen meist auch einen Mangel an menschlichem Mitgefühl, Solidarität und Klugheit.

Doch es gibt auch andere Stimmen im dissonanten Chor der Euroskeptiker, die den kontrollierten Austritt einiger EU-Mitglieder fordern, die wir ernster nehmen

müssen. Hans-Werner Sinn zum Beispiel vertritt die
Ansicht, dass Griechenland für eine gewisse Zeit aus der
Eurozone ausscheiden sollte, weil es unter den gegenwärtigen Bedingungen nicht zu Wachstum und Vollbe-
schäftigung werde zurückkehren können.[69] Es müsse
seine Schulden abschreiben und die Drachme als Mittel
nutzen, um Lohnzuwächse durch Inflation zu unterbinden, um wieder produktiv zu werden und seine Wettbewerbsfähigkeit zurückzugewinnen. Nach einem Jahrzehnt oder später könnte Griechenland dann wieder in
die Gemeinschaftswährung zurückkehren, wenn es imstande sei, neben Deutschland im Eurosystem zu koexistieren.

Die eigentliche Problematik dieses Vorschlags ist nicht
ökonomischer, sondern strategischer Natur. Zehn Jahre
außerhalb der Eurozone sind eine sehr lange Zeit. Wenn
Athen während dieser Phase in der EU bleiben würde,
könnte es die gemeinsame Außen- und Sicherheitspolitik
stören, insbesondere im Hinblick auf Sanktionen wegen
der Ukraine. Die Griechen haben in den jüngsten Verhandlungen ohnehin bereits mit der russischen Karte ge-
winkt, sie aber noch nicht ausgespielt, und wenn sie die
Union verlassen würden, würde das dadurch entstehende
geopolitische Vakuum Russland, aber auch China oder
anderen ausländischen Mächten eine willkommene Gelegenheit bieten, es zu ihrem Vorteil auszunutzen.

Das ist auch ein gewichtiges Argument gegen das vom
deutschen Finanzminister Wolfgang Schäuble entwick-
kelte Konzept einer «regelbasierten» Union. Sobald sich
ein Land nicht mehr an die Regeln hält oder seine Bürger
dazu nicht mehr bereit sind, wird der Ausschluss dieses
Landes zur einzigen Möglichkeit. Wenn jedoch ein Ausschluss langfristig größere negative Folgen für die Union

hat als ein fortgesetzter Verstoß gegen die Regeln, gerät das gesamte System in ein Dilemma. Am Ende wird die Integrität der Regeln selbst unterminiert, wenn der Verstoß gegen die Regeln anstatt ihre Befolgung zu einer offenkundig rationalen Entscheidung wird. Am Ende wird das Beharren Deutschlands auf regelbasierten Lösungen und zwischenstaatlicher Zusammenarbeit zum Zerfall der Union führen, weil die deutschen Steuerzahler nicht mehr bereit sein werden, den Staaten der europäischen Peripherie unbegrenzte Kreditlinien einzuräumen, wobei jede Verlängerung durch Streitigkeiten und unfreundliche Schlagzeilen auf beiden Seiten des Konflikts begleitet sein wird. Auch jene, gegen die sich die unrealistischen Austeritätsforderungen richten, werden irgendwann nicht mehr die Bereitschaft aufbringen, ihre Souveränität an Institutionen abzutreten, denen es nicht gelingt, eine Verbesserung der wirtschaftlichen Verhältnisse herbeizuführen und Politik und Verwaltung zu reformieren.

Natürlich haben viele Beobachter mittlerweile begriffen, dass wir es nicht nur mit einer wirtschaftlichen, sondern einer politischen Krise zu tun haben und dass eine Lösung dieser Krise eine Reform auch der höchsten politischen Institutionen Europas erfordert. Im Jahr 2013 forderten Nicolas Berggruen und Nathan Gardels «einen klaren Kurs zur Legitimation einer starken, aber begrenzten europäischen Regierung».[70] Ihre Zukunftsvision für Europa ist ein Modell, das sich am nationalen und politischen System der Schweiz ausrichtet.

Das Schweizer Modell birgt zweifellos viele Vorzüge, aber es erscheint fraglich, ob eine Konföderation nach Schweizer Art in der Eurozone tatsächlich funktionieren könnte. Es steht außer Zweifel, dass es den Schweizern außerordentlich gut gelungen ist, kulturell sehr unterschiedliche Völker und Sprachgemeinschaften in ein politisches Gemeinwesen zu integrieren und es zugleich jeder Bevölkerungsgruppe zu ermöglichen, weiter ihre Lebensweise und ihre Kultur zu pflegen. Dies können die Europäer sicherlich von den Schweizern lernen. Das politische System der Schweiz, das der regionalen und der individuellen Autonomie einen hohen Stellenwert einräumt, ist ein eindrucksvolles Beispiel dafür, wie sich vielfältige Interessen auf den unterschiedlichen Ebenen einer politischen Gemeinschaft ausgleichen lassen, während zugleich die Fähigkeit gewahrt wird, die Grenzen der Föderation auch unter extremen Umständen zu verteidigen. Auch trifft es zu, dass die nationale Autonomie, die dem Schweizer Modell inhärent ist, in dem die europäischen Staaten die Rolle von Kantonen einnehmen würden, eine gewisse Kontinuität verbürgt, vor allem im Hinblick auf die Besetzung politischer Ämter in der nationalen Verwaltung. Durch dieses Modell könnte man sich daher die unangenehme Aufgabe ersparen, von den nationalen politischen Eliten zu verlangen, ihre Posten aufzugeben.

Dennoch ist der Gedanke unrealistisch, dass die Schweiz als Modell für Europa dienen könnte. Und selbst wenn er realistisch wäre, ist keineswegs klar, ob ein entsprechendes politisches Konstrukt auch erstrebenswert wäre. Der erste Einwand ist die Frage der Zeit. Berggruen und Gardels räumen ein, dass die Schweiz Jahrhunderte benötigte, um zu dem zu werden, was sie heute ist, während Europa nur noch ein paar Jahre bleiben, um seine Transformation zu bewerkstelligen. Fragt man Schweizer Politiker, was ihr Land von allen anderen unterscheide, nennen sie mit hoher Wahrscheinlichkeit folgenden Aspekt: das Vertrauen, das die Schweizer ihrem politischen System und ihrer Nation insgesamt entgegenbringen. Sie verlassen sich auf die Stabilität, die im Laufe eines langen Zeitraums gewachsen ist, und sie fürchten nicht mehr das extreme Auf und Ab, das ihre Nachbarn in den vergangenen Jahrhunderten immer wieder durchrüttelte. Ebendiese Art von Selbstsicherheit ist es, die es ihnen ermöglicht, eine eher lockere Verbindung von Kantonen zusammenzuhalten, die sich nur in einem Umfeld gegenseitigen Respekts gedeihlich entwickeln kann und mit der Bereitschaft, Mehrheitsentscheidungen auch in Fragen zu akzeptieren, die stark umstritten sind und mittels einer nationalen Volksabstimmung geregelt werden müssen.

Gegenseitiges Vertrauen ist wahrscheinlich die beste Beschreibung für die politische Kultur, welche die schweizerische Gesellschaft im Inneren und auch nach außen prägt. Dies ist unbestreitbar ein großartiges Konzept, das aber jenseits der Schweizer Grenzen wahrscheinlich nicht funktionieren dürfte. Europa braucht *jetzt* eine gemeinsame Politik, nicht erst, falls und wenn alle Länder sich dafür entschieden haben, auf diesem Weg voranzuschreiten. «Der Fortschritt ist ein langsamer Prozess», lautet eine Redewendung, und häufig trifft das auch zu. Aber wie wir gesehen haben, ist Europa in der Vergangenheit oft durch große Sprünge vorangebracht worden, nicht durch langsame Fortschritte. Europa braucht jetzt wieder einen solchen großen Sprung.

Ein zweites Problem, das eine Übernahme des Schweizer Modells aufwerfen würde, besteht darin, dass die europäischen Nationalstaaten darin als homogene Strukturen gesehen werden, die in gewisser Weise die Stelle der schweizerischen Kantone einnehmen könnten. Dabei bleibt jedoch unberücksichtigt, dass die meisten Länder auf dem europäischen Kontinent nach Regionen differenziert sind, die beträchtliche Eigenheiten aufweisen. Heute haben mehrere europäische Nationalstaaten, insbesondere Spanien und Belgien, mit zentrifugalen Tendenzen innerhalb ihrer Landesgrenzen zu kämpfen. Es erscheint daher ratsam, diese Unterschiede in Betracht zu ziehen, indem man einen großen Teil der Kompetenzen, die bislang den Nationalstaaten zugeordnet sind, auf die Regionen zurücküberträgt und es ihnen selbst überlässt zu bestimmen, wie sie sich in die Union eingliedern wollen. Es ist schwer vorstellbar, wie ein Gefüge aus Nationalstaaten, die selbst sehr unterschiedliche interne Sichtweisen und Bestrebungen unter einen Hut zu bringen haben, effektiv zusammenwirken soll, wenn es darum zu tun ist, politische Entscheidungen für die Union als Ganzes zu treffen.

Schließlich ist noch ein weiterer Aspekt relevant, wenn man die schweizerische Politik zu beschreiben versucht: ihre Neutralität. Das ist aber schlicht keine Option für einen zukünftigen europäischen Staat, der seine Fähigkeiten, sowohl militärischer wie auch ökonomischer Art, erhalten und effektiv einsetzen muss, um seine Interessen zu verteidigen und als stabilisierender Faktor in einer sich immer schneller globalisierenden Welt zu wirken. Die Herausforderungen, die Europa im Inneren wie auch von außen erwachsen, von der Globalisierung und ihren ökonomischen und ökologischen Auswirkungen bis zum Umgang mit dem aufstrebenden China, dem autoritären Russland und dem stürmischen Wiederaufleben eines politischen Islams in der arabischen Welt, verlangen eine wesentlich stärker zentralisierte und gemeinschaftlich legitimierte politische Autorität auf dem Kontinent, als das Schweizer Modell bieten kann.

Andererseits gibt es auch Beobachter, die glauben, dass das Problem Europas nicht in erster Linie die Schaffung neuer Institutionen sei, sondern die Frage, wie man die bestehenden überwinden könnte. So weist zum Beispiel der österreichische Intellektuelle Robert Menasse zu Recht auf das politisch-gestalterische Potenzial der EU-Bürokratie in Brüssel hin und wirft den nationalen Regierungen vor, dass sie viele rationale Vorschläge und vernünftige Pläne der EU-Kommission wieder zunichtemachten.[71] Bei der Einführung der gemeinsamen Währung hat die Kommission gegenüber den Staats- und Regierungschefs deutlich zum Ausdruck gebracht, dass der Euro nur funktionieren könne, wenn er von einer politischen Union begleitet werde. Die führenden Politiker ließen sich jedoch vom Primat des Nationalstaates leiten, als sie sich entschieden, die Souveränität zu bewahren, und erhöhten dadurch die Wahrscheinlichkeit eines systemischen Versagens.

Menasse drängt daher die Europäer, «die Demokratie erst einmal zu vergessen, ihre Institutionen abzuschaffen, soweit sie nationale Institutionen sind».[72] Die Europäer «müssen stoßen, was ohnehin fallen wird», und das Tabu brechen, dass die [nationale] Demokratie ein heiliges Gut sei. Doch es ist schwer zu erkennen, wie die Aufgabe einer Wiedererrichtung einer repräsentativen Demokratie, die Menasse zu Recht als eine der größten Errungenschaften der Zivilisation betrachtet, im europäischen Rahmen von irgendjemand anderem bewältigt werden sollte als von einer kleinen Elite, die imstande ist, dieses Ziel zu verwirklichen. Die Legitimität dieser Elite ist freilich fragwürdig, zurückhaltend ausgedrückt. Es ist auch keineswegs sicher, dass aus dem Chaos, das auf ein solches Ereignis folgen würde, eine Art von nachnationaler Demokratie erwachsen würde, wie Menasse sie sich vorstellt.

Trotz dieser Schwäche erscheint Menasses Charakterisierung Europas als eines Elitenprojekts, das vom «gebildeten Citoyen» vorangetrieben wird, in dem Sinne zutreffend, dass die Forderung nach Demokratisierung nicht allein für sich stehen kann, sondern eine politische Einheit vorhanden sein muss, die demokratisierungsfähig ist.[73] Damit die repräsentative Demokratie funktionieren kann, sind Institutionen erforderlich, die es den Repräsentanten ermöglichen, ihre Mandate auszuüben. Und jemand muss diese Struktur schaffen und das dysfunktionale System beseitigen, in dem wir gegenwärtig feststecken. Was würde es nützen, eine Europäische Union zu demokratisieren, die über keine echte politische Macht verfügt und bei der Gestaltung der Politik für den europäischen Kontinent nach wie vor von den Nationalstaaten abhängig ist?

Historisch haben nahezu alle politischen Einheiten in Europa und anderen Teilen der Welt, die sich erfolgreich von autoritären Regimes oder Monarchien in demokratisch legitimierte Nationalstaaten verwandelten, dies durch eine innere Revolution oder einen von außen bewerkstelligten Regimewechsel erreicht. Entweder haben die Völker ihren bisherigen Herrschern die politische Autorität entzogen (wie in Frankreich und den USA) oder die politische Autorität wurde ihnen von Siegermächten nach einem kriegerischen Konflikt übertragen (wie im Falle von Deutschland). Fast immer aber hatte vorher schon eine Zentralisierung stattgefunden. Es lassen sich kaum Fälle finden, in denen stabile demokratische Staaten auf einem Territorium errichtet wurden, das nicht schon zuvor geschaffen und gesichert worden war.

Doch die europäische Geschichte hat auch gezeigt, dass die Aufhebung der Demokratie, selbst nur für kurze Zeit, keine gute Idee ist. Heute ist es schon so weit, dass die Europäer den europäischen Institutionen nicht mehr zutrauen, die eher alltäglichen Aufgaben zu bewältigen, mit denen sie betraut sind. Wie können wir dann erwarten, dass sie bereit sein könnten, der EU-Kommission das Schicksal eines ganzen Kontinents anzuvertrauen? Aus Menasses Beobachtungen blitzt bisweilen der Wunsch nach einer aufgeklärten Bürokratie neuen Typs hervor, die die Köpfe und die Herzen all jener erfasst, die auf den Gängen des Berlaymont-Gebäudes in Brüssel umhereilen, dem Sitz der Europäischen Kommission.

Die nationale Demokratie abzuschaffen ist keine Option, solange es keine Institutionen gibt, die als funktionelles Äquivalent an ihre Stelle treten können. Wir können nicht zulassen, dass der Staat zerfällt, bevor wir einen klaren Handlungsplan für die Zeit danach haben. Vielmehr müssen wir hinarbeiten auf einen wohl vorbereiteten, konzentrierten Augenblick einer «parlamentarischen Verschmelzung», die das Fortbestehen der Repräsentation sicherstellt und garantiert, dass die demokratische Verantwortung – der Union als Ganzes, wenn auch nicht ihrer früheren Bestandteile – aufrechterhalten wird. Dies wird etwas erfordern, was Menasse fürchtet, nämlich die Einführung eines Elements direkter nationaler Demokratie. Mit anderen Worten, wir brauchen gleichzeitige Volksabstimmungen in allen Mitgliedsstaaten und Regionen der Eurozone, durch die entschieden wird, ob ein Land oder eine Region sich der neuen föderalen Union anschließt. Diese neue Union wird sich in jenem Augenblick konstituieren, in dem sich zwei oder mehr politische Einheiten für den Beitritt entscheiden.

Ähnlich wie Menasse darauf hofft, dass sich die Demokratie vom Nationalstaat emanzipiert, verlangt Jürgen Habermas, dass das Recht und die Bürgergesellschaft aus der staatlichen Struktur ausbrechen sollen.[74] Seiner Ansicht nach sollte die EU eine «konstitutionelle Ordnung» bleiben, in der das Machtmonopol nicht vom Nationalstaat auf die europäische Ebene übertragen wird. Auf der EU-Ebene sollte allein das Recht angesiedelt werden, was es den Europäern ermöglichen würde, eine freiere, kosmopolitischere und demokratischere Gesellschaft zu schaffen, die durch die Beschränkungen der herkömmlichen Staatlichkeit nicht beeinträchtigt, gleichwohl aber durch sie geschützt wird. Die Einhaltung der Rechtsordnung wird von Habermas als logische Fortschreibung des europäischen Integrationsprozesses seit dem Zweiten Weltkrieg vorausgesetzt, während die Repräsentanten der nationalen und der europäischen Ebene die Legitimität des Systems sicherstellen. Zugleich erwartet Habermas die Entwicklung einer echten europäischen Bürgergesellschaft, die sich für die politische Zukunft des Kontinents engagiert und dadurch zugleich dem gesamten politischen Prozess die erforderliche Legitimität verleiht. Dies tun ihre Mitglieder erstens als Souverän ihrer jeweiligen Heimatländer und zweitens, indem sie die Souveränität einerseits mit ihren Miteuropäern teilen und andererseits mit den Einzelstaaten, die sie repräsentieren. Dadurch würde sich schließlich ein vereintes europäisches politisches Gemeinwesen entwickeln, und zwar in der Realität, wenn auch nicht nominell oder in seiner formalen Struktur.

Bedauerlicherweise aber ist es völlig unklar, wie eine solche kosmopolitische Bürgergesellschaft in Europa entstehen soll. Aufgrund des Fehlens einer gemeinschaftlichen Identität oder zumindest eines gemeinsamen Bezugspunkts in Form einer supranationalen Autorität gibt es wenig, was die Europäer miteinander verbindet. Ohne eine gemeinschaftliche Entscheidungsfindung wird Europa weiter als eine konföderative Struktur existieren, die, wie es in einem Bonmot formuliert wird, das fälschlicherweise Henry Kissinger zugeschrieben wurde, «keine Telefonnummer» hat. Diese Metapher, die ursprünglich Europas Ringen um gemeinsame Haltungen und das Fehlen von Institutionen zum Ausdruck bringen sollte, die es ihm ermöglichen, international mit einer Stimme zu sprechen, kann auch für das Verhältnis gelten, das die Europäer zu ihrem angenommenen oder unterstellten politischen Gemeinschaftsprojekt haben oder, besser gesagt, nicht haben.

Habermas und Menasse eint der Wunsch, nicht nur die bestehenden politischen Strukturen hinter sich zu lassen, sondern in gewissem Maße auch das Konzept des Nationalstaats selbst. Ihre Vorschläge können verstanden werden als Beiträge zu einer allgemeiner gefassten Debatte über die Frage, wie die Völker die jahrhundertealten Traditionen der modernen Staatlichkeit überwinden können. Während Habermas hofft, dass die Europäer, und letztlich alle Bürger der Welt, allmählich aus dem Nationalstaat herauswachsen und jenseits seiner Grenzen die Demokratie und den politischen Diskurs weiterentwickeln, möchte Menasse schlicht den Nationalstaat ein für alle Mal abschaffen. Diese Haltung, die Kritiker des Nationalstaats seit Jahrzehnten vertreten, erwächst aus der nachvollziehbaren Sorge, dass das Konzept nationaler Staatlichkeit vielfach überholt erscheint und der Pluralität der Institutionen und Werte innerhalb von Strukturen nicht mehr gerecht wird, die nichtsdestoweniger immer als schlüssiges Ganzes dargestellt werden. Konkreter gesprochen, sie bezieht sich auf die bestehende funktionelle Unfähigkeit des europäischen Nationalstaats, seine Bürger angemessen zu repräsentieren.

Aus diesem Grund erscheint eine einfache Fortschreibung oder Übertragung des Nationalstaats auf die europäische Ebene vielen Intellektuellen als unattraktiv, denn sie beklagen seit langem, dass der Grundsatz der nationalen Souveränität und die Theorien über internationale Beziehungen eine «Einschränkung der politischen Phantasie» darstellten.[75] Es ist daher nicht überraschend, dass Menasse einen europäischen Superstaat nach angloamerikanischem Vorbild ablehnt, der seiner Ansicht nach entweder zur Supernation werden oder den es beim Versuch der Verwirklichung dieses Anspruchs zerreißen würde.[76] Ebenso bezeichnet er «Vereinigte Staaten von Europa» als «völligen Unsinn» und verwirft sie als ein «alteuropäisches Projekt», das seiner Ansicht nach nur die überholten europäischen Gewohnheiten der Eroberung von Territorien und eines fragwürdigen Interventionismus fortsetzen würde.[77]

Es mag durchaus lobenswert sein, unsere üblichen intellektuellen Hemmschwellen zu überwinden, was die Erörterung unterschiedlicher Wege zur Strukturierung der Fragen von Demokratie, Partizipation und Recht angeht, dennoch sind sämtliche Versuche, aus dem Grundkonzept der Staatlichkeit auszubrechen, letztlich zum Scheitern verurteilt.

Ulrike Guérot, die Gründerin und Direktorin des «European Democracy Lab» und einer der klügsten Köpfe, die sich mit der europäischen Krise beschäftigen, löst dieses Problem, indem sie dem europäischen Staat einen neuen Namen gibt. Ihr Konzept einer «Europäischen Republik» zielt auf die Verteidigung der europäischen *res publica*, des öffentlichen Guts. Dadurch wird die Idee eines neuen europäischen Projekts nicht nur mit einer normativen Komponente angereichert, die Verfasserin entzieht sich auch herkömmlichen Reflexen, die mit Supranationalität, europäischer Staatlichkeit oder den «Vereinigten Staaten von Europa» häufig verbunden sind. Gestützt auf das Konzept der allgemeinen politischen Gleichheit aller europäischen Bürger, bedient sie sich der Vertrautheit eines Begriffes, auf den sich viele Europäer positiv beziehen können.

Zusammen mit Menasse veröffentlichte Guérot im April 2013 einen ausführlichen Plan für ein neues Europa.[78] Unter Bezug auf eine Reihe unterschiedlicher Vorschläge aus den vergangenen zwei Jahrzehnten, wie den Aufruf der Eiffel-Gruppe,[79] die Vorschläge von Thomas Piketty,[80] das Schäuble-Lamers-Papier,[81] den Westerwelle-Bericht von 2012[82] und andere Vorschläge,[83] entwickeln die beiden ein Konzept für eine reformierte Eurozone, die auf erweiterten und verbesserten EU-Institutionen aufbaut. Ihr Plan sieht eine gemeinsame Fiskalpolitik mit einem europäischen Finanzminister vor, die aus dem Europäischen Stabilitätsmechanismus (ESM) heraus entwickelt werden soll, eine gesamteuropäische Arbeitslosenversicherung, die auch stabilisierend auf die Gemeinschaftswährung wirken würde, eine europäische Exekutive und ein starkes Eurozonen-Parlament mit Initiativrecht und der Befugnis zur Haushaltskontrolle.

Abgesehen von ihrer Unterschätzung der geopolitischen Realitäten, die zum Teil ihrer zentraleuropäischen Perspektive geschuldet sein mag, ergibt sich für Guérot und Menasse das Problem, wie sich ein solcher Plan und der umfassendere konstitutionelle Rahmen, innerhalb dessen er verwirklicht werden soll, implementieren lassen würden. Ihre Ideen bilden im besten Sinne einen Teil dessen, was Peter Sloterdijk einmal als die Zukunft Europas beschrieb: «Europa wird das Seminar sein, wo Menschen lernen, über das Imperium hinaus zu denken.»[84] Aber wie können die Ideen aus dem Seminar hinaus in die reale Welt gelangen? Wenn es keinen klaren Weg der Implementierung gibt, stoßen Menasse und Guérot, wie auch viele andere ehrgeizige europäische Reformer, an eine Wand.

Das muss aber nicht sein. Die anglo-amerikanische konstitutionelle Erfahrung zeigt, dass der Übergang von einer reinen Idee in die Realität tatsächlich möglich ist. Im Laufe der Geschichte ist dies sehr gut gelungen, nicht nur einmal, sondern sogar zweimal, und zwar unter Bedingungen, die jenen sehr ähnlich waren, mit denen es Euroland heute zu tun hat. Wir sollten dieses Konzept nicht zurückweisen aus Angst, dass wir die Fehler der Briten und der Amerikaner wiederholen könnten, wenngleich diese nicht so schwerwiegend wären wie jene, die wir bereits gemacht haben. Auch sollten wir nicht annehmen, dass die einzig mögliche Interpretation einer parlamentarischen Verschmelzung, die von einer Fiskal- und einer Verteidigungsunion begleitet wird, bereits in der Historie verwirklicht worden sei.

Während also Klarheit darüber zu bestehen scheint, dass ein neues Europa notwendig ist, und auch darüber, welchem Modell man dabei folgen könnte, bleibt die Frage, wie sich dies in die Praxis umsetzen lässt. In Anbetracht der gegenwärtig weit verbreiteten Skepsis in der europäischen Bevölkerung dürfte jeder Versuch, eine Koalition für ein neues Europa zu formen, kein leichtes Unterfangen sein.

Als Erstes stellt sich die Frage, wie man die Notwendigkeit einer solchen neuen Union vermitteln kann. Dazu ist es von herausragender Bedeutung, all jene zu ermuntern und zu mobilisieren, die sich bereits für das Projekt einer Föderalisierung von Euroland engagieren. Bedauerlicherweise ist die föderalistische Bewegung jedoch von einem gravierenden Generationenproblem gekennzeichnet und leidet unter einem Mangel an Koordination und Führung. Die erste Generation europäischer Föderalisten ist schon vor langer Zeit abgetreten, und auch ihre Nachfolger nähern sich unaufhaltsam dem Pensionsalter. Zugleich sind viele Jugendinitiativen entstanden, sowohl innerhalb wie auch außerhalb der etablierten Parteien. Die Generation aber, auf die es ankommt, die die wichtigen Ämter und Posten in den europäischen Hauptstädten innehat, ist übersprungen worden – sie wurde nie vom föderalistischen Virus infiziert. Sie hat die vielfältigen Veränderungen und Fortschritte des EU-Institutionengefüges erlebt, vom Maastricht-Vertrag und von der Osterweiterung bis zur Schaffung neuer Regelwerke formeller wie informeller Art im Gefolge der Staatsschuldenkrise. Die Angehörigen dieser Generation glauben anscheinend, dass sie genug geleistet haben, und viele von ihnen haben sich geistig wieder in ihr nationales Schneckenhaus zurückgezogen.

Zugleich beginnt sich in der europäischen Einigungsbewegung auch die bürokratische Verwirrung widerzuspiegeln, die so charakteristisch ist für das Brüsseler System. Vielleicht ist es auch nur logisch, dass eine Union, die fünf Präsidenten hat, auch mehr als eine Organisation besitzt, die sich um das Vorantreiben ihrer Föderalisierung bemüht. Die älteste ist die Paneuropa-Union, die 1922 auf der Grundlage des von Graf Richard Nikolaus von Coudenhove-Kalergi verfassten «Paneuropäischen Manifests» gegründet wurde. Zu ihren Mitgliedern zählten so illustre Persönlichkeiten wie Albert Einstein, Thomas Mann, Franz Werfel, Konrad Adenauer, Sigmund Freud, Léon Blum und Georges Pompidou. In jüngerer Zeit hat sie jedoch viel von ihrer Anziehungskraft verloren und es ist ihr auch nie gelungen, junge Mitglieder in größerer Zahl zu gewinnen. Heute spielt die Paneuropa-Union, deren langjähriger Präsident Otto von Habsburg war, keine große Rolle mehr.

Die größten Vereinigungen, die sich auf europäischer Ebene für die Schaffung eines europäischen Bundesstaates einsetzen, sind die Europäische Bewegung International (EBI) und die Union der Europäischen Föderalisten (UEF), die 1948 beziehungsweise 1946 gegründet wurden. Während Erstere eine europäische Dachorganisation ist für nationale Dachorganisationen, die unterschiedliche Vereinigungen umfassen, die sich für das Ziel eines geeinten, föderalen Europas einsetzen, ist Letztere eine übernationale europäische Vereinigung für die nationalen Sektionen der Europäischen Föderalisten mit ihren Einzelmitgliedern. Diese komplizierte Struktur zeigt, dass Europa dringend ein einheitliches Verbandsrecht benötigt, das es Interessenverbänden ermöglicht, sich zentral zu registrieren und individuelle wie auch institutionelle Mitglieder aus allen Teilen der EU aufzunehmen.

Die Jugendorganisation der UEF, die Jungen Europäischen Föderalisten (JEF), hat zwar mehr als 25 000 Mitglieder; nur wenige jedoch, die sich in ihrer Jugend bei den JEF engagieren, schließen sich dann später auch dem Dachverband an. Dieses Dilemma, das einmal mehr die

Generationenkluft in der föderalistischen Bewegung aufzeigt, hat die Führung des Verbands veranlasst, das Höchstalter für die Mitgliedschaft auf 35 Jahre anzuheben.

Die Aktionen der Jungen Föderalisten konzentrieren sich hauptsächlich darauf, in der jüngeren Generation ein positives Bild der europäischen Einigung zu verbreiten. Was die Umsetzung ihrer normativen Ziele betrifft, so erweist sich das Motto des Verbands «Einfach eine Generation voraus» bedauerlicherweise bereits seit mehreren Generationen im wörtlichen Sinne als zutreffend.

Das soll nicht heißen, dass die Europäischen Föderalisten in der Vergangenheit nicht auch wichtige Erfolge erzielt hätten. Zum einen haben sie dazu beigetragen, dass bedeutende Integrationsschritte wie die EU-Osterweiterung oder die Einführung des Euro in der Öffentlichkeit positiv aufgenommen wurden. Ein weiteres Beispiel ist ihr erfolgreiches Eintreten für eine gemeinsame Erklärung von siebzehn EU-Mitgliedsstaaten (einschließlich Deutschlands, aber ohne Frankreich und Großbritannien) zur Annahme gemeinsamer europäischer Symbole: der Flagge mit einem Kreis von zwölf goldenen Sternen auf blauem Hintergrund, der Hymne aus der «Ode an die Freude», des Euro als Währung und des Leitspruchs «In Vielfalt geeint».[85]

Doch eines ihrer ehrgeizigsten Projekte scheiterte, als die Abstimmung über den sogenannten Duff-Bericht von der Tagesordnung des EU-Parlaments gestrichen wurde, nachdem dessen Befürworter erkannt hatten, dass sie keine parlamentarische Mehrheit zustande bekommen würden. Diesem Vorschlag zufolge sollte das EU-Parlament um fünfundzwanzig transnationale Sitze erweitert werden. Als Ergänzung der übrigen Parlamentsmandate, deren Vergabe über die nationalen Listen erfolgt, sollten diese Abgeordneten von der Bevölkerung der EU direkt gewählt werden.[86] Die Annahme des Duff-Berichts wäre ein sinnvoller Schritt in Richtung auf gesamteuropäische Wahllisten gewesen, die es den Bürgern ermöglicht hätten, auch Kandidaten aus anderen Ländern zu wählen. Der Vorsitzende der Europa-Union Deutschland, der deutschen Sektion der UEF (man beachte, dass diese Vereinigung in ihrem Namen nicht die Bezeichnung «föderalistisch» verwendet), erklärte, dass europäische Wahllisten derzeit kein vordringliches Anliegen seien, und brachte damit die Uneinigkeit einer Bewegung zum Ausdruck, die nicht nur institutionell, sondern auch entlang parteipolitischer Grenzen gespalten ist. Einen weiteren Dämpfer bekamen die Föderalisten bei den Europawahlen 2014, die zu einem deutlichen Stimmenzuwachs für euroskeptische Parteien führten. Unter anderem verlor Andrew Duff, der Verfasser des Duff-Berichts und damalige Vorsitzende der UEF, seinen Sitz im EU-Parlament. Abermals hatte sich der gradualistische Ansatz, der auf eine allmähliche institutionelle Entwicklung setzt, als wenig geeignet erwiesen, die Sache Europas voranzubringen.

Der jüngste Versuch, einen umfassenden Reformfahrplan zu entwickeln, ist der sogenannte Fünf-Präsidenten-Bericht.[87] Darin formulieren die Präsidenten der Europäischen Kommission, des Europäischen Rates, der Euro-Gruppe, der Europäischen Zentralbank und des Europäischen Parlaments einen Plan zur Stärkung der europäischen Wirtschafts- und Währungsunion. Entsprechend dem Konzept eines allmählichen Prozesses der Konvergenz soll dieser Plan in drei Schritten bis zum Jahr 2025 umgesetzt werden. Die Verfasser räumen ein, dass «alle reifen Währungsunionen über eine makroökonomische Stabilisierungsfunktion [verfügen], um besser auf Schocks reagieren zu können, die sich auf rein nationaler Ebene nicht bewältigen lassen», und regen die Einrichtung eines euroraumweiten Schatzamtes («Treasury») an. Doch die Aussagen bezüglich der Kompetenzen und der finanziellen Grundlagen solcher Institutionen wie auch zur künftigen Rolle der Europäischen Zentralbank (EZB) bleiben vage. Dieser 2015 formulierte Plan ist im Grunde eine weniger ambitionierte Version des «Vier-Präsidenten-Berichts» aus dem Jahr 2012 (an dem der Präsident des EU-Parlaments nicht beteiligt war).

Diese Programme verkörpern in mannigfacher Hinsicht die Fortsetzung einer Strategie, die bereits 1994 im Schäuble-Lamers-Plan formuliert wurde. Eine graduelle Integration, sowohl auf wirtschaftlichem wie auf außenpolitischem Gebiet, soll die EU zusammenhalten. In diesem Konzept kommt dem Kern der Europäischen Union besondere Bedeutung zu:

«Der feste Kern hat die Aufgabe, den zentrifugalen Kräften in der immer größer werdenden Union ein starkes Zentrum entgegenzustellen und damit die Auseinanderentwicklung zwischen einer protektionismusanfälligen Süd-West-Gruppe unter einer gewissen Anführung durch Frankreich und einer stärker dem freien Welthandel verpflichteten Nord-Ost-Gruppe unter einer gewissen Anführung durch Deutschland zu verhindern.»[88]

Dieses Modell ist vom Scheitern bedroht, weil sich die Peripherieländer zunehmend auseinanderentwickeln und sich in der deutsch-französischen Partnerschaft ein Riss abzeichnet. In jüngerer Zeit wurden zwar nennenswerte Fortschritte im Hinblick auf die Schaffung einer

Bankenunion erzielt, doch aufgrund des gegenwärtig herrschenden politischen Klimas dürften sich die Chancen auf eine umfassende Reform wohl kaum verbessern. Alle Versuche, Reformen über einen langen Zeitraum zu dehnen, laufen Gefahr, dasselbe Schicksal wie der Duff-Bericht zu erleiden.

Darüber hinaus wies auch die Spinelli-Gruppe, eine Initiative, die sich bemüht, «in den politischen Entscheidungen und der Politik der Europäischen Union eine föderalistische Dynamik in Gang zu setzen», warnend darauf hin, dass «mehr Klarheit erforderlich ist hinsichtlich der Schlüsselelemente der ökonomischen, fiskalischen und politischen Union, die in dem Bericht entworfen wird». Die Spinelli-Gruppe wurde im September 2010 von Guy Verhofstadt, Daniel Cohn-Bendit, Sylvie Goulard und Isabelle Durant gegründet; Andrew Duff und Jo Leinen sind die Co-Vorsitzenden der «MEP Spinelli Group», die alle Europaabgeordneten umfasst, die das Manifest der Gruppe unterzeichnet haben. Der Gruppe gehören auch bekannte Politiker wie der frühere italienische Ministerpräsident Mario Monti, der ehemalige deutsche Außenminister Joschka Fischer und Jacques Delors an. In den bisherigen fünf Jahren ihres Bestehens hat sie den Entscheidungsprozess in Brüssel beeinflusst und sich als feste Größe in der Bewegung etabliert, die sich zum Ziel gesetzt hat, «den Bund zu vervollkommnen». Viele der Ideen, die im Fünf-Präsidenten-Plan formuliert werden, weisen eine große Ähnlichkeit zu den Vorschlägen der Spinelli-Gruppe auf. Doch wie für viele andere etablierte Organisationen stellt sich auch für die Spinelli-Gruppe das Problem, ihre Botschaft den Bürgern von Euroland zu vermitteln. Bislang haben nur rund 6500 Menschen das Manifest der Gruppe unterzeichnet, das, eher allgemein ausgedrückt, «einen gemeinsamen europäischen Ansatz in den Vordergrund rücken» möchte. Angesichts der wesentlich größeren Mitgliederzahlen der proeuropäischen Organisationen ist dies ein weiterer Beleg für die mangelhafte gegenseitige Abstimmung unter den Föderalisten.

Dies wird noch augenfälliger, wenn man sich die potenziellen Unterstützer einer Föderalisierung Europas anschaut. In einer Erhebung, die im Juni 2015 von Eurostat durchgeführt wurde, sprachen sich 42 Prozent der Bürger der Eurozone für einen Bundesstaat aus, 33 Prozent lehnten ihn ab, und 25 Prozent waren unentschieden.[89] Viele Politiker innerhalb und außerhalb des Brüsseler Betriebs sind positiv gegenüber einer Föderalisierung eingestellt. Wie zahlreiche Publikationen in den vergangenen zehn Jahren gezeigt haben, ist die allgemeine Idee, die wir hier vermitteln möchten, weder neu noch der politischen Mehrheitsströmung so fremd, wie es den Anschein haben mag. Bereits im Jahr 2007 hat Stefan Collignon viele der Gefahren beschrieben, denen wir heute ausgesetzt sind, und hat die politische Union als den einzigen Ausweg aufgezeigt.[90]

Doch die jüngsten politischen Entwicklungen sowohl in Euroland als auch auf der Weltbühne stellen die gegenwärtig verfolgte Integrationsstrategie vor unüberwindliche Probleme. Was bis vor kurzem noch eine Frage eines reibungslosen Managements einer graduell fortschreitenden Integration war, ist plötzlich zu einer Herausforderung geworden, deren Bewältigung einen enormen politischen Willen erfordert.

Trotz der breiten öffentlichen Sympathie für eine Föderalisierung ist es offenkundig, dass die Schaffung eines neuen Europas nur für wenige eine Herzensangelegenheit sein wird, wenn auch die Verfasser dieses kleinen Buches zu ihnen zählen. Vielmehr wird sich die Botschaft für ein neues Europa auf die Tatsache stützen müssen, dass seine Notwendigkeit schlicht eine bittere Realität ist.

Wir sollten daher nicht jene Binsenweisheit bemühen, mit der Politiker bei jeder Gelegenheit aufwarten, nämlich dass Europa ein Friedensprojekt sei, das uns seit dem Ende des Zweiten Weltkriegs in Europa Frieden beschert und der EU letztes Endes den Friedensnobelpreis eingebracht hat. Dieser Hinweis mag noch bei der älteren Bevölkerung Europas Anklang finden, doch die Möglichkeit eines Krieges zwischen beispielsweise Deutschland und Frankreich erscheint zu abwegig, als dass sie heute noch ernsthafter Überlegungen wert wäre. Und außerdem sind auch Zweifel an dieser Binse angebracht; denn das Hauptverdienst an der Eindämmung der sowjetischen Aggression, der Aufrechterhaltung der militärischen Kooperation in Europa sowie der Beendigung von Genoziden und ethnischen Säuberungen auf unserem Kontinent gebührt der NATO, weniger der EU.

Wir sollten uns vielmehr darum bemühen, den Europäern in allen Teilen des Kontinents, die unter ganz unterschiedlichen Bedingungen leben, die zahlreichen Vorteile bewusst zu machen, die ihnen ein neues Europa bringen würde. So wie die Einwohner der Gründerstaaten der Vereinigten Staaten von Amerika ganz unterschiedliche Gründe für den Beitritt zur Union hatten – von der Angst vor Piraten in den an der Küste gelegenen ehemaligen Kolonien bis zum Schutz vor spanischen Expansionsbestrebungen im Süden –, werden auch die Europäer von einer neu gestalteten Union in Europa auf sehr unterschiedliche Weise profitieren. Es kommt daher entscheidend darauf an, einem durchschnittlichen Griechen deutlich zu machen, dass das elementare Recht demokratischer Repräsentation heute nur noch auf europäischer Ebene im Rahmen eines voll entwickelten demokratischen Unionsparlaments verwirklicht werden kann. Die Letten auf der anderen Seite müssen verstehen, dass nur eine europäische Armee ihre Sicherheit gewährleisten kann, für die entsprechende Befehlsstrukturen und eine gemeinsame Finanzierung auf Unionsebene erforderlich sind. Die Deutschen und die Franzosen müssen erkennen, dass die Stabilität der Gemeinschaftswährung eine Illusion ist ohne die Unterstützung durch einen Unionshaushalt, der automatische Transferzahlungen ermöglicht und als Notfallpuffer zur Verfügung steht, wenn die Union von asymmetrischen Schocks getroffen wird. Die Liste dieser individuellen Gründe für die Schaffung eines wahrhaft geeinten Europas lässt sich verlängern und wird unterschiedlich aussehen, je nachdem welche Europäer angesprochen werden. Die Lösung besteht darin, von der gegenwärtigen Kakophonie wechselseitiger Beschuldigungen zu einer Symphonie von Botschaften zu gelangen, die den Europäern vor Augen führt, dass ein geeintes Europa für sie alle von Nutzen sein wird.

Zugleich sind aber auch die Ängste der europäischen Bevölkerung ernst zu nehmen. Es muss klargemacht werden, dass eine voll entwickelte föderale Union den Menschen nicht ihre nationalen Identitäten nimmt, sondern diese ergänzt und dazu beiträgt, unsere Vielfalt zu erhalten. Schließlich hat auch die Errichtung des Vereinigten Königreiches nicht dazu geführt, dass die Iren, die Schotten und die Waliser Engländer wurden, wenngleich manche Nationalisten dies behaupten mögen.

In Anbetracht der Vielfalt der Europäer wird unmittelbar einsichtig, dass sich eine Koalition zum Aufbau dieses künftigen Europas nicht nur auf der einen Seite des ideologischen Spektrums bilden kann. Zur Förderung dieser Idee wird es notwendig werden, so unterschiedliche Europäer zu vereinen wie den antikapitalistischen Demonstranten in Madrid, der fürchtet, dass Europa sein soziales Gewissen abstreifen könnte, und den Leiter eines deutschen mittelständischen Betriebs, der sich um die Zukunft seiner Exporte sorgt, falls die Gemeinschaftswährung scheitern sollte. Kurz gesagt, im Hinblick auf eine politische Union in Europa muss die Botschaft vermittelt werden, dass eine solche Union politische Konflikte nicht ausschließen, nicht unterbinden, sondern vielmehr den Platz für sie neu erschaffen wird. Eine Verfassung für ein solches Europa wird kein bestimmtes ökonomisches oder gesellschaftliches Modell festlegen, das die Union zu übernehmen hat, sondern sie wird eine Grundlage schaffen, auf der solche Modelle entwickelt werden können. Auch in dieser Hinsicht kann uns das Beispiel der Vereinigten Staaten von Amerika vor Augen führen, dass deren Verfassung im Laufe der Zeit ganz unterschiedliche ökonomische und gesellschaftliche Modelle ermöglicht hat, und etwas Ähnliches würde sich auch im europäischen Kontext entwickeln.

Kurz und gut, ein Bündnis für eine echte Europäische Union wird der Jugend in der europäischen Peripherie ein neues Ziel politischer Teilhabe eröffnen, das sie sich zu eigen machen kann. Die europäischen Unternehmen hingegen, die ohnehin bereits die staatlichen Grenzen überschreiten, kann es dazu bewegen, sich für die Vorteile einzusetzen, die ihnen Europa gebracht hat, weil diese nicht als selbstverständlich betrachtet werden können. Der Aufbau eines solchen Bündnisses wird ein mühsames und bisweilen nicht unmittelbar einsichtiges Unterfangen werden. Dennoch ist es die einzige Möglichkeit, um ein demokratischeres, transparenteres und effizienteres Europa zu schaffen. Ohne diese Anstrengungen wird die Alternative «weniger Europa» lauten. Das aber ist keine Option, sondern eine trübe Aussicht für einen Kontinent, der abgehängt worden ist.

Jahrzehntelang wurde der europäische Föderalismus als ein Projekt von Träumern belächelt. Von alten Männern zumeist, viele davon Staats- oder Regierungschefs im Ruhestand, die nach dem Ausscheiden aus ihren Ämtern nichts mehr zu tun hatten und von einem Europa träumten, das realistisch betrachtet als eine schöne Idee erschien, deren Umsetzung aber erst irgendwann in ferner Zukunft möglich sein würde. Einige junge Studenten oder Idealisten mochten solchen Hirngespinsten anhängen, doch kein seriöser politischer Beobachter oder Kommentator hätte dies als ein ernsthaftes Projekt betrachtet. Es entbehrt nicht einer gewissen Ironie, dass wir nun an einem Punkt angelangt sind, an dem dieser Traum, so kühn er erscheinen mag, sich wesentlich besser behauptet, wenn er mit den Herausforderungen der europäischen Realpolitik konfrontiert wird, als alle anderen Lösungen, die von vielen Analytikern erwogen werden.

Wir müssen uns vollends im Klaren darüber sein, dass keine der nationalen Regierungen den Prozess der Föderalisierung anstoßen wird, denn dadurch würden sich diese Regierungen zu staatlichen Administrationen machen, die dem souveränen Unionsparlament unterstehen und ihm als Exekutive verantwortlich sind. Dasselbe gilt für die bestehenden politischen Gruppierungen in den nationalen Parlamenten, die sich im gegenwärtigen Europäischen Parlament wiederfinden. Tatsächlich hat seit dem Beginn der Krise die Führung der größten Partei im größten Staat der Union, die Christlich Demokratische Union Deutschlands (CDU), ihre Überzeugung zum Ausdruck gebracht, dass Europa ein Staatenbund sein solle und kein föderaler Staat, mit einer starken zentralen Exekutive, die einer paneuropäischen Wählerschaft verantwortlich ist.[91] Auch sollte man nicht auf die auf ihren eigenen Vorteil bedachten lokalen Eliten der europäischen Peripherie in Irland, Spanien und Griechenland hoffen, die sich bequem eingerichtet haben in der Ausübung ihrer «Vermittlungsfunktion» zwischen Brüssel und den übrigen Mitgliedsstaaten; sie haben am meisten zu verlieren durch eine föderale Lösung, die sie und ihr Klientelsystem umgeht.

Aus der Sicht eines nationalen Politikers ist Föderalisierung etwas Unmögliches. Der Nationalismus ist nicht nur ein politisches Ordnungsprinzip, er formt auch unsere gegenwärtige Realität und setzt unseren Erwartungen und unserer politischen Phantasie Grenzen. Europa ist es gelungen, die Zusammenarbeit zwischen souveränen politischen Einheiten auf ein Niveau zu heben, das in der Geschichte des Kontinents bislang noch nie erreicht wurde. Doch dabei hat es sich in einer Falle verfangen. Die einzelnen Bestandteile sind nicht länger in der Lage, das Ganze angemessen zu verwalten und zu repräsentieren. Die europäischen Interessen und die europäischen Probleme sind nicht mehr lediglich eine Verbindung der verschiedenen Interessen, die von den europäischen Einzelstaaten verfolgt werden, und der Probleme, mit denen diese zu kämpfen haben. Um Euroland auf demokratische Weise zu regieren und zu verwalten, muss es möglich werden, die einzelstaatliche Ebene zu umgehen, wenn dies nötig ist, und Koalitionen und Mehrheiten in Angelegenheiten zu suchen und zu bilden, die nicht mit den von den nationalstaatlichen Grenzen gezogenen Linien übereinstimmen. Das ist nicht, wie vielfach behauptet wird, ein Problem der Zivilgesellschaft. Eine echte europäische Zivilgesellschaft, die in der Lage ist, den Mehrheitswillen der Bevölkerung Europas zum Ausdruck zu bringen, wird sich erst nach der Schaffung von Strukturen entwickeln können, die imstande sind, in ihrem Interesse zu agieren. Damit es einen Sender geben kann, muss ein Empfänger vorhanden sein, sonst verhallen alle Aufrufe zum Handeln in den Tiefen der miteinander unverbundenen nationalen Diskurse.

Der Aufbau einer derartigen kulturellen und gesellschaftlichen Union wird viel Zeit erfordern. Wir können jedoch schon jetzt damit anfangen, einen Prototyp dieser Zivilgesellschaft zu schaffen, eine proto-föderalistische Bewegung, die sich auf die Aufgabe konzentriert, eine Veränderung des Ordnungsprinzips unseres politischen Systems herbeizuführen und den europäischen Nationalstaat abzuschaffen.

Im Hinblick auf die jungen Griechen, Spanier, Portugiesen und Franzosen, die bereits auf den Straßen ihre Unzufriedenheit kundtun, muss diese Bewegung die Aussicht auf eine Wiedergewinnung demokratischer Teilhabe sowie die Durchsetzung transparenter Regierungsführung und wirtschaftlicher Solidarität in den Vordergrund stellen. Es muss deutlich gemacht werden, dass eine Schwächung der nationalen Bürokratie auch weiterhin ein Mittel sein kann, um Vetternwirtschaft der Eliten und funktionsunfähige Verwaltungsstrukturen zu bekämpfen, dass dies jedoch ausgeglichen werden wird durch Investitionen und Regierungsprogramme, die auf europäischer Ebene gesteuert werden. Die Menschen werden in den Wahlen nicht nur für Kandidaten stimmen können, die eine Wirtschaftspolitik vorschlagen, die ihnen am besten geeignet erscheint, um ihre Bedürfnisse und Interessen zur Geltung zu bringen, es wird auch tatsächlich die Chance bestehen, dass eine solche Politik für die gesamte Union umgesetzt wird. Zugleich kann die zentrale Verwaltung, die auf der Unionsebene parlamentarischer Kontrolle unterliegt, korrupte Elemente aus der Politik fernhalten, die in der Vergangenheit häufig einen Großteil der EU-Investitionen in ihre eigenen Taschen geleitet haben. Echte Teilhabe bedeutet auch, dass sich die Menschen selbst in die europäische Politik einbringen können – und sich vielleicht sogar selbst für Ämter bewerben, indem sie sich einer der europaweit tätigen Parteien anschließen. Nach jahrelangen Protesten, die relativ wenig bewirkten, und der Stimmabgabe für Parteien, die große Versprechungen machten und dann mit leeren Händen aus Brüssel zurückkamen, wird ihre Stimme nun gehört werden. Während der deutsche Einfluss auf die Wirtschaftspolitik in Grenzen gehalten werden wird, wird das demographische Übergewicht des «alten Europas» insgesamt für eine vernünftige und ausgewogene Politik in der Union sorgen, bis sich die gesamte Wählerschaft angeglichen hat, ähnlich wie die verschiedenen Wellen von Einwanderern in den Vereinigten Staaten im Laufe der Zeit integriert wurden. Und schließlich kann man den Menschen sagen: Das Projekt einer Demokratischen Union wird Chancen durch Investitionen eröffnen, es wird die Korruption beseitigen. Im Unterschied zu den EU-Marionetten oder den schwächlichen Populisten, die bisher regiert haben, werden die Leute, die nun in die Ämter gewählt werden, auch tatsächlich etwas zu sagen und zu entscheiden haben.

Was die politischen und wirtschaftlichen Eliten in den Kernländern betrifft, müssen zwei verbreitete Missverständnisse ausgeräumt werden. Das erste ist die Vorstellung, dass sich die Wirtschaft nur für die ökonomische Union interessiere und die politische Union für sie nicht viel zähle. Eine wirtschaftliche Union ist ohne eine politische Union zum Scheitern verurteilt, doch dieser Zusammenhang muss in den Führungsetagen der großen Unternehmen noch stärker verdeutlicht werden. Zweitens gibt es bei den europäischen Wirtschaftslenkern kein erkennbares Verantwortungsbewusstsein in Bezug auf die Frage der europäischen Integration. Zwar werden jedes Jahr Milliardenbeträge für Programme zur Umsetzung der sozialen Verantwortung von Unternehmen ausgegeben, doch bei fast allen diesen Investitionen stehen ihre Öffentlichkeitswirksamkeit und die Unterstützung lokaler sozialer Initiativen im Vordergrund. Es gibt anscheinend keine strategischen Investitionen, die auf eine Verbesserung der globalen Position Europas zielen, die auch nur annähernd den Umfang jener Lobby-Aktivitäten erreichen, die sich auf die Beeinflussung spezifischer EU-Regulierungen richten. Zumindest die großen Konzerne sollten ernsthaft über die allgemeinen Zusammenhänge und die europäischen Makroprobleme nachzudenken beginnen, anstatt sich ausschließlich auf Mikro-Wirkungen in Brüssel zu konzentrieren.

Die Stabilität der Gemeinschaftswährung und das Fortbestehen des Gemeinsamen Marktes sind von höchster Bedeutung für eine Vielzahl von Unternehmen, die ihren Sitz in Euroland haben. Sie zu überzeugen, dass Europa jetzt tatsächlich vor der grundlegenden Entscheidung steht, ob es weiter zusammenwachsen oder zerfallen soll und dass die einzige Möglichkeit, Letzteres zu verhindern, darin besteht, aktiv Ersteres zu unterstützen und voranzutreiben, wird eine wesentliche Voraussetzung für den Erfolg sein.

Wenn die Bewegung ein Bündnis aufbauen kann aus wohlhabenden Eliten einerseits und der unterstützungsbereiten Bevölkerung andererseits, kann sie sich der Politik zuwenden und damit beginnen, Druck auszuüben auf nationale und regionale Politiker. Dies könnte etwa in Form eines Gelöbnisses geschehen nach der Art der berühmt-berüchtigten «Taxpayer Protection Pledge» des amerikanischen Aktivisten Grover Norquist, der den Abgeordneten der Republikanischen Partei das Versprechen abgenommen hat, niemals für einen Gesetzesvorschlag zu stimmen, der mit einer Steuererhöhung verbunden ist. Zum Zeitpunkt der Kongresswahlen von 2012 hatten Norquists Gelöbnis 95 Prozent aller republikanischen Kongressmitglieder unterzeichnet. Wie man Norquists Ziele und Motive auch bewerten mag, es besteht kein Zweifel, dass sein Vorgehen sehr wirkungsvoll war, denn eine Nichtunterzeichnung kam für einen Abgeordneten einem politischen Selbstmord gleich. Ein «Föderalistisches Gelöbnis» könnte eine ähnliche bindende Wirkung entfalten für nationale und regionale Parlamentarier in Europa und sie dazu verpflichten, sich für die Abhaltung von Volksabstimmungen einzusetzen, die gleichzeitig in allen EU-Mitgliedsländern stattfinden sollten und durch die festgestellt wird, welche Länder sich einer neuen Demokratischen Union mit klaren, aber überschaubaren Grundsätzen anschließen wollen und welche draußen bleiben wollen. Ein solches Vorgehen würde natürlich beträchtlichen öffentlichen Druck voraussetzen, dessen Erzeugung die vordringlichste Aufgabe jedes Projekts wäre, das eine Föderalisierung der Eurozone anstrebt.

Zugleich sollte die Bewegung mit den Vorbereitungen für die Ausarbeitung einer neuen europäischen Verfassung beginnen. Eine Anregung dazu können die «Federalist Papers» bieten, eine Serie von Artikeln, die von Alexander Hamilton, John Jay und James Madison verfasst wurden, um die Verfassungsdebatte in der Zeit vor dem Konvent in Philadelphia zu strukturieren. Dabei wäre anzustreben, die bekanntesten Gelehrten, Politiker und Intellektuellen des Kontinents einzubeziehen, um die Debatte auf die konstitutionelle Zukunft Europas zu fokussieren. Unter der Maßgabe, verschiedene Aspekte dieses künftigen rechtsgültigen Vertrages zu behandeln, sollte den Autoren freie Hand gelassen werden, anstatt ihnen den Eindruck zu vermitteln, dass von ihnen Reformvorschläge erwartet werden, die sich im Rahmen der bestehenden EU und deren Besitzstandes bewegen.

Wenn das Grundgerüst der neuen Verfassung steht und ein Termin für die angestrebten gleichzeitigen Volksabstimmungen festgelegt ist, kann das föderalistische Bündnis damit beginnen, überall auf dem europäischen Kontinent für ein «Ja» zu werben. Dies wird beträchtliche finanzielle Mittel erfordern sowie ein Heer überzeugter Unterstützer, die in allen regionalen und nationalen Hauptstädten Europas Stützpunkte errichten müssen. Für die lokalen Büros wird sich eine doppelte Aufgabe stellen: Zum einen müssen sie die lokalen und nationalen Behörden dazu bewegen, zu einem Referendum aufzurufen, in dem über den Beitritt zur Union oder das Fernbleiben von ihr abgestimmt wird, und zum anderen müssen sie die allgemeine Bevölkerung wie auch die politischen und wirtschaftlichen Eliten für das Vorhaben gewinnen.

Zum vereinbarten Termin sollten die Volksabstimmungen sowohl auf der nationalen wie auch der regionalen Ebene stattfinden. Wenn die Jastimmen in einem bestehenden souveränen Staat die Mehrheit gewinnen, wird diese politische Einheit umgehend als vollwertiges Mitglied der Union anerkannt und erhält das Recht, einen Vertreter in den Verfassungskonvent zu entsenden, wo die Einzelheiten des Verhältnisses zwischen der Union und ihren Mitgliedsstaaten näher bestimmt werden sollen. Im Fall, dass eine Region mehrheitlich mit Ja stimmt, während sich die Mehrheit der Bürger des Staates, in dem diese Region liegt, für Nein entscheidet, wird diese Region eingeladen, sich der Union anzuschließen. Sie wird dies jedoch zuvor auf friedliche Weise mit ihren übergeordneten nationalen Autoritäten aushandeln müssen, wobei eine Zustimmung nicht unbegründet versagt werden darf.

Es ist zu erwarten, dass jene Regionen, die sich ohnehin bereits um eine Loslösung von den Nationalstaaten bemühen, denen sie formell zugehören, besonders empfänglich sein würden für die Idee, eigenständige europäische Mitgliedsstaaten einer föderalen Union zu werden. Die Politische Union würde daher auch das strukturelle Problem lösen, das regionale Unabhängigkeitsbewegungen für die Stabilität von Staaten wie Spanien darstellen, wo Katalonien immer stärker auf einen endgültigen Bruch mit Madrid hinarbeitet.

Die Kampagne zur Durchsetzung der Föderalisierung Europas muss in Deutschland, Skandinavien, den Niederlanden, Irland, den USA und Großbritannien zunächst jene Organisationen und Personen ansprechen, die im Falle eines katastrophalen systemischen Scheiterns der EU am meisten zu verlieren hätten. Das Bemühen um

Unterstützung in der Bevölkerung sollte als Erstes bei der von der Krise gebeutelten Jugend Südeuropas ansetzen, die sich nach Veränderung, nach Teilhabe und nach Chancen sehnt. Von diesen unterschiedlichen Ausgangspunkten aus werden sich die beiden Stränge der Kampagne in verschiedene Richtungen bewegen, die sich schließlich an den Alpen überkreuzen und dann auch die südeuropäischen Eliten sowie die nordeuropäischen Wähler erreichen werden. Wenn sich die Bewegung in beide Richtungen voranschiebt, von oben nach unten und unten nach oben, von Norden nach Süden und Süden nach Norden, wird sie am Ende gleichzeitig auch die skandinavischen Wähler und das griechische Geld erreichen. Deutschland und Frankreich werden die zwei ersten Länder sein, in denen beide Zielgruppen gleichzeitig angesprochen werden.

Schließlich werden die überzeugendsten Argumente und Beweggründe für die Schaffung einer Demokratischen Union von den Ereignissen selbst geliefert werden. In den nächsten Jahren werden wir einige oder alle der folgenden Ereignisse erleben: den endgültigen Zerfall Syriens und die Zunahme eines Flüchtlingsstroms, der die Befestigungen an der südlichen Grenze der Union schlicht überfluten wird; eine Serie von Terroranschlägen heimischer oder internationaler Provenienz in Europa; staatliche Auflösungsprozesse in Europa, die zu zivilen Konflikten führen werden, etwa in Katalonien; ein Angriff Russlands auf die baltischen Staaten, wodurch die Beistandspflicht der übrigen Mitglieder nach Artikel 5 des NATO-Vertrags aktiviert wird; sowie der nach wie vor mögliche Zusammenbruch der Gemeinschaftswährung mit allen Verwerfungen, die dies mit sich bringen würde. Alle diese Herausforderungen stellen schon jeweils für sich genommen ein starkes Argument für die Schaffung einer vollständigen politischen Union dar; zusammen sind sie überwältigend.

Doch die Geschichte hat gezeigt, dass nichts zwangsläufig ist. Die Deutschen und die Polen haben jahrhundertelang innere und äußere Gefahren vergeblich zur Begründung von politischen Reformen herangezogen, ohne letztlich einen verheerenden Zusammenbruch ihrer Staaten abwenden zu können. Es gibt keinen Grund für einen europäischen «Attentismus», für den Glauben, dass die Entwicklung zu einer vollständigen politischen Union unvermeidlich und irreversibel sei. *Sie wird nicht kommen, solange wir sie nicht selbst herbeiführen.*

Am Ende wird nur eine Verbindung aus intellektueller Klarheit, Entschiedenheit, strategischem Denken, den Ereignissen selbst und einer Portion Glück jenen Schub erzeugen, der eine Demokratische Union Europas zur erfolgreichen Vollendung führen kann.

Im Jahr 1953 hat Richard Coudenhove-Kalergi, der Gründer der Paneuropa-Bewegung, geschrieben: «Zwischen 1946 und 1951 hat Europa einen größeren Weg zu seiner Einigung zurückgelegt als in dem vorhergehenden Jahrtausend seit dem Zerfall des Karolingerreiches. Europa geht mit raschen Schritten seiner Einigung entgegen. In wenigen Jahren wird es ein Bundesstaat sein, der zunächst Deutschland, Frankreich, Italien und die Benelux-Staaten umfasst ... Dieser Bundesstaat wird ein machtvolles Weltreich sein, ebenbürtig seinem britischen und seinem amerikanischen Verbündeten.»[92]

Mehr als 60 Jahre später können uns Coudenhove-Kalergis Worte daran erinnern, wie nahe wir schon an das Ziel der Verwirklichung einer Demokratischen Union herangekommen waren – um dann die Chance zu

verpassen, die Geschichte des europäischen Nationalstaats zu ihrem logischen Ende zu führen. Heute, mehr
als ein halbes Jahrhundert danach, stehen wir abermals an
einem solchen historischen Punkt. Wenn wir jetzt die
Chance nicht ergreifen, den Sturz unseres Kontinents in
den politischen Abgrund zu verhindern, werden wir
dazu keine weitere Gelegenheit mehr bekommen.

Anmerkungen

1 Jürgen Habermas, «Die Krise der Europäischen Union im Lichte einer Konstitutionalisierung des Völkerrechts – Ein Essay zur Verfassung Europas», in: *Zeitschrift für ausländisches öffentliches Recht und Völkerrecht*, 72 (2012), Nr. 1, S. 1–44; Robert Menasse, *Der Europäische Landbote. Die Wut der Bürger und der Friede Europas oder Warum die geschenkte Demokratie einer umkämpften weichen muss*, Wien 2012; Luuk van Middelaar, *The passage to Europe. How the continent became a union*, New Haven und London 2013; Anthony Giddens, *Turbulent and Mighty Continent: What Future for Europe?*, Cambridge 2013; Hans-Werner Sinn, *The Euro Trap. On Bursting Bubbles, Budgets, and Beliefs*, Oxford 2014; George Soros, *The Tragedy of the European Union: Disintegration or Revival?*, New York 2014; Ulrich Beck, *Das Deutsche Europa*, Berlin 2012.

2 Zum allgemeinen historischen Zusammenhang siehe Brendan Simms, *Kampf um Vorherrschaft. Eine deutsche Geschichte Europas. 1453 bis heute*, München 2014.

3 Einige der in diesem Buch angesprochenen Themen wurden auch bereits behandelt in Brendan Simms, «Scotland, the British Question and the European Problem: A Churchill Solution», in: *Zeitschrift für Staats- und Europawissenschaften*, 12 (2014), Nr. 4, S. 456–483, in Artikeln in der Zeitschrift *New Statesman* sowie in verschiedenen weiteren Publikationen.

4 «IMF admits: We failed to realise the damage austerity would do to Greece», in: *The Guardian*, 5. Juni 2013, http://

www.theguardian.com/business/2013/jun/05/imf-underestimated-damage-austerity-would-do-to-greece.

5 Zahlen für 2014, nach Eurostat, http://ec.europa.eu/eurostat/web/main/home.

6 Ian Bremmer über Amerikas Rolle in der Welt, Interview mit Gideon Rose für *Foreign Affairs*, 25. Juni 2015, https://www.foreignaffairs.com/videos/2015-06-25/ian-bremmer-americas-role-world.

7 Craig R. Whitney, «War in the Gulf; Gulf Fighting Shatters Europeans' Fragile Unity», in: *Special to the New York Times*, 25. Januar 1991, http://www.nytimes.com/1991/01/25/world/war-in-the-gulf-europe-gulf-fighting-shatters-europeans-fragile-unity.html.

8 Timothy Snyder, «Ukraine, Russia and the Central Significance of Civil Society», Vortrag an der Philosophischen Fakultät der Universität von Karlovy v Praze, https://www.youtube.com/watch?v=yoUkoGn7cRU.

9 Der Hintergrund wird ausführlich dargestellt in Hugo Young, *The blessed plot: Britain and Europe from Churchill to Blair*, London 1998. Für eine aktuelle Einschätzung siehe Andrew Geddes, *Britain and the European Union*, Basingstoke 2013.

10 Siehe dazu die Debatte zwischen Will Hutton und Ruth Lea in: «Does Britain's destiny lie in the heart of Europe?», in: *The Observer*, 27.1.2013. Einen interessanten Querschnitt der unterschiedlichen Positionen bieten die Diskussionsbeiträge auf der Konferenz «Britain and the EU. New perspectives», die in der British Academy am 9.10.2014 stattfand, Oxford 2014.

11 Ian Traynor u. a., «David Cameron Blocks EU treaty with veto, casting Britain adrift in Europe», in: *The Guardian*, 9.12.2011.

12 Laura Pitel, «We must threaten to leave Europe, says Boris», in: *The Times*, 13.10.2014.

13 Sam Coates, «We will not stick with Europe if it

doesn't work for us, says Cameron», in: *The Times,* 11.11. 2014.

14 Siehe dazu die kurze, aber sehr gründliche Analyse von David Runciman, «Reflections on the independence referendum», in: *London Review of Books,* 36/17, 11.9.2014 und «After the Referendum», in: *London Review of Books,* 36/19, 9.10.2014.

15 Zu den Vorteilen eines Verbleibs und den Kosten eines Austritts siehe: Philip Whyte, *Do Britain's European ties damage its prosperity?,* Centre for European Reform, 2013.

16 Mathew Parris, «We can't let Germany be über alles in Europe», in: *The Times,* 15. November 2014.

17 Almut Möller und Tim Oliver (Hg.), *The United Kingdom and the European Union: What would a ‹Brexit› mean for the EU and other states around the world?,* Deutsche Gesellschaft für Auswärtige Politik, 2014, S. 108.

18 Siehe dazu Brendan Simms, *Kampf um Vorherrschaft* und «Germany's triumph: from the ruins of war, how a new European Empire was built», in: *New Statesman,* 30. Juli 2015.

19 Siehe dazu Brendan Simms, *Three victories and a defeat. The rise and fall of the First British Empire, 1714–1783,* London 2007, S. 9–43.

20 Zitiert in Andreas Osiander, *The states system of Europe, 1640–1990. Peacemaking and the conditions of international stability,* Oxford 1994, S. 79.

21 Zitiert in Brendan Simms, *The struggle for mastery in Germany, 1779–1850,* Basingstoke 1998, S. 1.

22 Siehe dazu Brendan Simms, *The impact of Napoleon. Prussian high politics, foreign policy and the crisis of the executive, 1797–1806,* Cambridge 1997.

23 Zitiert in David Marsh, *The Euro. The politics of the new global currency,* New Haven und London 2009, S. 135.

24 Zitiert in Marsh, ebd., S. 132.

25 Zitiert in Paul Gillespie, «History and geography rhyme for the new Germany», in: *Irish Times,* 8.11.1997.

26 Zur Widerlegung der «akademischen Horrorgeschichten» siehe Jan-Werner Mueller, «The old questions and the German revolution», in: *Contemporary European history,* 7, 2 (1998), S. 271–285.

27 Brendan Simms, «From the Kohl to the Fisher doctrine. Germany and the Wars of the Yugoslav Succession, 1991– 1999», in: *German history,* 21, 3 (2003), S. 393–414.

28 Heinrich August Winkler, «Die deutsche Frage ist gelöst, die europäische Frage ist offen», in: *Geschichte in Wissenschaft und Unterricht,* 9 (2009), S. 490–494.

29 Siehe dazu Andreas Rödder, «‹Modell Deutschland› 1950– 2100. Konjunkturen einer bundesdeutschen Ordnungsvorstellung», in: Tilman Mayer, Karl-Heinz Paquee und Andreas H. Apelt, *Modell Deutschland,* Berlin 2013, S. 39– 51.

30 Timothy Garton Ash, «The New German Question», in: *NYRB,* 15.8.2013; Dominik Geppert, *Ein Europa, das es nicht gibt. Die fatale Sprengkraft des Euro,* Berlin 2013.

31 Siehe dazu auch Brendan Simms, «Towards a mighty union: how to create a democratic European superpower», in: *International Affairs,* 88 (2012), S. 49–62, wo einige der hier angesprochenen Themen ausführlicher behandelt werden.

32 Christopher Storrs, «The union of 1707 and the war of the Spanish Succession», in: Stewart J. Brown und Christopher Whatley (Hg.), *The union of 1707. New dimensions,* Edinburgh 2008, S. 31–44.

33 Siehe dazu Brendan Simms, *Three Victories and a defeat. The Rise and Fall of the first British Empire, 1714–1783,* London 2007, S. 51 ff.

34 *Federalist* Nr. 19, 8.12.1787, in: Jack R. Pole (Hg.), *The Federalist Alexander Hamilton, James Madison und John Jay,* Indianapolis und Cambridge 2005, S. 99–102. Zu den Auswirkungen der polnischen Teilung auf den amerikanischen Verfassungskonvent siehe: Frederick W. Marks, *Indepen-*

dence on trial. Foreign affairs and the making of the constitution, Baton Rouge 1773, S. 3–51.

35 *Federalist* Nr. 5, 10.11.1787, in: Jack R. Pole (Hg.), *Federalist*, S. 17f.

36 Für ausführlichere Darstellungen der Gründung von Hamiltons Nationalbank und der Federal Reserve der USA siehe: Ron Chernow, *Alexander Hamilton*, New York 2004; Richard H. Timberlake jr., *Monetary Policy in the United States*, Chicago 1993.

37 Paul Krugman, «Debt Is Good», in: *The New York Times*, 21.8.2015.

38 Siehe dazu John Gillingham, *European integration, 1950–2003. Superstate or new market economy*, Cambridge 2003, S. 29f.

39 Siehe dazu James Gow, *Triumph of the lack of will. International diplomacy and the Yugoslav war*, London 1997, und Brendan Simms, *Unfinest hour. Britain and the destruction of Bosnia*, London 2001.

40 Josip Glaurdic, *The hour of Europe. Western powers and the breakup of Yugoslavia*, New Haven und London 2011.

41 Für eine Analyse aus der damaligen Zeit siehe: Peter Riddell, «Europe must learn to defend itself. Military muscle would give the EU more diplomatic clout», in: *The Times*, 28.6.1999, S. 20.

42 Chris Patten, «No more roses», in: *TLS*, 1.6.2007, S. 13.

43 Catherine Ashton, Rede vor dem Europaparlament, 3.3.2010. Siehe dazu auch Christopher Hill, «The capability-expectations gap, or conceptualizing Europe's international role», in: Simon Bulmer und Andrew Scott (Hg.), *Economic and political integration in Europe: internal dynamics and global context*, Oxford 1994, S. 104 und 116f.

44 Siehe dazu James Rogers, «From ‹civilian power› to ‹global power›. Explicating the European Union's ‹Grand Strategy› through the articulation of discourse theory», in: *Journal of Common Market Studies*, 47 (2009), S. 831–862.

45 So etwa Mette Eilstrup-Sangiovanni, «Why a common security and defense policy is bad for Europe», in: *Survival*, 45 (2003).

46 Siehe dazu Ian Manners, «Normative power Europe reconsidered: beyond the crossroads», in: *Journal of European Public Policy*, 13 (2006), S. 182–199.

47 Rede des deutschen Außenministers Joschka Fischer in der europapolitischen Debatte des Deutschen Bundestags am 12. Dezember 2001.

48 Siehe dazu Andreas von Gehlen, «Two Steps to European party democracy», in: *European View*, 3 (2006), S. 161–170.

49 Siehe dazu Giandomenico Majone, «Europe's ‹democratic deficit›: A question of standards», in: *European law Journal*, 4 (1998), S. 5–28.

50 Siehe dazu Thomas C. Fisher, «An American looks at the European Union», in: *European law Journal*, 12 (2006), S. 226–278, insbesondere S. 227.

51 Glyn Morgan, *The idea of a European superstate. Public justification and European integration*, Princeton 2005.

52 Zitiert in: William Pfaff, «What's left of the Union?», in: *NYRB*, 17.7.2005, S. 26.

53 Vertrag von Lissabon, Artikel 28 a.

54 Siehe Hans Kundnami, «Germany as a geo-economic power», in: *Washington Quarterly*, 34 (2011), S. 33–45.

55 Siehe Ulrike Guérot und Olaf Boehnke, «Germany in Europe: the Euro matters in foreign policy», European Council on Foreign Relations, 28.10.2011.

56 Eine Kritik daran wird formuliert von Jürgen Habermas, «Rettet die Würde der Demokratie», in: *Frankfurter Allgemeine Zeitung*, 4.11.2011.

57 Christopher Cermak, «Economists to Greece: Just Say ‹No›», in: *Handelsblatt Finance*, Nr. 211, 3. Juli 2015, https://global.handelsblatt.com/edition/211/ressort/finance/article/just-say-no.

58 Siehe dazu zum Beispiel Robert A. Mundell, «A Theory of

Optimum Currency Areas», in: *American Economic Review,* 51 (4), 1961, S. 657–665.

59 Zu den stabilisierenden Wirkungen eines Föderalbudgets siehe: Peter Kenen, «The Theory of Optimum Currency Areas. An Eclectic View», in: Robert A. Mundell und Alexander K. Swoboda (Hg.), *Monetary Problems of the International Economy,* Chicago 1969.

60 Margaret Thatcher, *The Downing Street Years,* London 1993.

61 Einige der in diesem Kapitel behandelten Themen werden näher ausgeführt in: Brendan Simms, «The Churchillian Solution: why we need a British Europe rather than a European Britain», in: *New Statesman,* 3.–9. Juli 2015.

62 Claus Hulverscheidt, «Was Mister Europa rät», in: *Süddeutsche Zeitung,* 28.11.2014.

63 Redetext unter gov.uk EU speech bei Bloomberg, 23.1.2013.

64 So z. B. Tomáš Valašek, *What Central Europe thinks of Britain and why,* Centre of European Reform Insight, 2012.

65 Zu diesem Ergebnis gelangt die überzeugende Analyse von Wolfgang Münchau, «On the way out? Britain's relationships with the rest of Europe are unsustainable», in: *Prospect,* August 2014, S. 40–43.

66 Diese Thematik wird dargelegt in Brendan Simms, «Toward a mighty union: how to create a democratic European superpower», in: *International Affairs,* 88/1 (Januar 2012). Der Autor ist Präsident des Project for a Democratic Union, einer neuen Denkfabrik, die sich die Verwirklichung dieser Vision zum Ziel gesetzt hat; http://www.democraticunion. eu/.

67 Rede von Winston Churchill in Zürich, 19. September 1946, The Churchill Society London, http://www.churchill-society-london.org.uk/astonish.html (dt. Übersetzung: http://www.zeit.de/reden/die_historische_rede/200115_hr_churchill1_englisch).

68 Zitiert in Axelle Lemaire, «Keep Britain within the EU», in:

Adam Hug (Hg.), *Renegotiation, reform and referendum: Does Britain have an EU future?*, The Foreign Policy Centre, 2014, S. 59.

69 Hans-Werner Sinn, «Why Greece Should Leave the Eurozone», in: *The New York Times*, 24. Juli 2015.

70 Nicolas Berggruen und Nathan Gardels, «The Next Europe. Toward a Federal Union», in: *Foreign Affairs*, Juli/August 2013.

71 Robert Menasse, *Der Europäische Landbote. Die Wut der Bürger und der Friede Europas oder Warum die geschenkte Demokratie einer erkämpften weichen muss*, Wien 2012, S. 71 f.

72 Ebd., S. 98.

73 Interview mit Robert Menasse, «Der Nationalismus wird nie unschuldig sein», in: *Profil*, 25.4.2014, http://www.profil.at/oesterreich/robert-menasse-der-natio-nalismus-unschuldig-375447.

74 Jürgen Habermas, «Die Krise der Europäischen Union im Lichte einer Konstitutionalisierung des Völkerrechts – Ein Essay zur Verfassung Europas», in: *Zeitschrift für ausländisches öffentliches Recht und Völkerrecht*, 72 (2012), S. 1–44.

75 Rob B. J. Walker, *Inside/Outside. International Relations as Political Theory*, Cambridge 1993, S. 5.

76 Robert Menasse, *Der Europäische Landbote. Die Wut der Bürger und der Friede Europas oder Warum die geschenkte Demokratie einer erkämpften wichen muss*, Wien 2012, S. 98 f.

77 Ebd., S. 100 f.

78 Robert Menasse und Ulrike Guérot, «Europe's choice», http://pdfsr.com/pdf/europe-s-choice.

79 Groupe Eiffel, «Pour une Communauté politique de l'Euro», 25. August 2014 (dt. Übersetzung: http://www.groupe-eiffel.eu/unser-manifest/).

80 Thomas Piketty u. a., «Our Manifesto for Europe», http://

www.theguardian.com/commentisfree/2014/may/02/
manifesto-europe-radical-financial-democratic.

81 Wolfgang Schäuble und Karl Lamers, «Überlegungen zur
europäischen Politik», 1. September 1994, https://www.
cducsu.de/upload/schaeublelamers94.pdf.

82 Final Report of the Future of Euro Group of the Foreign
Ministers of Austria, Belgium, Denmark, France, Italy,
Germany, Luxembourg, the Netherlands, Poland, Portugal
and Spain, 17. September 2012, http://www.cer.org.uk/si-
tes/default/files/westerwelle_report_sept12.pdf.

83 Joint paper of the governments of France and Germany,
Gemeinsam für ein gestärktes Europa der Stabilität und des
Wachstums, Paris, 29. Mai 2013, http://france-allemagne.
fr/30_05-2013-Bundeskanzlerin-Merkel,8723.html.

84 Peter Sloterdijk, *Falls Europa erwacht. Gedanken zum Programm einer Weltmacht am Ende des Zeitalters ihrer politischen Absence,* Frankfurt am Main 2002 (1994), S. 48.

85 Erklärung 52 zum Vertrag von Lissabon zur Änderung des
Vertrags über die Europäische Union und des Vertrags zur
Gründung der Europäischen Gemeinschaft, *Amtsblatt der
EU* C 306 vom 17.12.2007, S. 267.

86 Report on improving the practical arrangements for the hol-
ding of the European elections in 2014 (2013/2102(INI)),
Ausschuss für konstitutionelle Fragen, Berichterstatter:
Andrew Duff.

87 «Die Wirtschafts- und Währungsunion vollenden», vorge-
legt von Jean-Claude Juncker in enger Zusammenarbeit mit
Donald Tusk, Jeroen Dijsselbloem, Mario Draghi und Mar-
tin Schulz, 22. Juni 2015, http://ec.europa.eu/priori-
ties/economic-monetary-union/docs/5-presidents-report_
de.pdf.

88 Überlegungen zur europäischen Politik, S. 5.

89 Miguel Otero-Iglesias, «A united Europe is closer than you
think», in: *Politico,* 1. Juni 2015, http://www.politico.eu/ar-
ticle/europe-union-brexit-eurobarometer/(30. 10. 2015).

90 Stefan Collignon, *Bundesrepublik Europa? Die demokratische Herausforderung und Europas Krise,* Berlin 2007.

91 Siehe dazu: «Antrag des Bundesvorstandes an den 24. Parteitag der CDU Deutschlands am 14./15. November 2011 in Leipzig».

92 Richard Nikolaus Coudenhove-Kalergi, *Die Europäische Nation,* Stuttgart 1953, S. 142.

Aus dem Verlagsprogramm

Politik und Zeitgeschichte
in C.H.Beck Paperback

Navid Kermani
Einbruch der Wirklichkeit
Auf dem Flüchtlingstreck durch Europa
Mit dem Magnum-Photographen Moises Saman
2016. 96 Seiten mit 12 Photographien und 1 Karte
Klappenbroschur
C.H.Beck Paperback Band 6241

Gabriele Krone-Schmalz
Russland verstehen
Der Kampf um die Ukraine und die Arroganz des Westens
13. Auflage. 2015. 176 Seiten mit 2 Karten. Klappenbroschur
C.H.Beck Paperback Band 6195

Michael Lüders
Wer den Wind sät
Was westliche Politik im Orient anrichtet
15. Auflage. 2015. 175 Seiten mit 1 Karte. Klappenbroschur
C.H.Beck Paperback Band 6185

Karl-Heinz Meier-Braun
Die 101 wichtigsten Fragen: Einwanderung und Asyl
2., aktualisierte Auflage. 2015. 160 Seiten. Paperback
C.H.Beck Paperback Band 7044

Thomas Piketty
Die Schlacht um den Euro
Interventionen
Aus dem Französischen von Stefan Lorenzer
2015. 175 Seiten. Paperback
C.H.Beck Paperback Band 6188

Verlag C.H.Beck

Politik und Zeitgeschichte
in C.H.Beck Paperback

Verlag C.H.Beck